AF273928

Domina ChatGPT en 3 días

y aprovecha todo su potencial

Pablo Tapias Cantos

2.ª edición

Domina ChatGPT en 3 días

y aprovecha todo su potencial

Pablo Tapias Cantos

2.ª edición

Domina ChatGPT en 3 días y aprovecha todo su potencial

Primera edición, 2023
Segunda edición, 2025

© 2025 Pablo Tapias Cantos

© 2025 MARCOMBO, S. L. - www.marcombo.com
Gran Via de les Corts Catalanes 594, 08007 Barcelona
Contacto: info@marcombo.com

Maquetación: Reverté-Aguilar, S. L.
Corrección: Mónica Muñoz
Directora de producción: M.ª Rosa Castillo

ISBN: 978-84-267-3999-5
DL: B 5226-2025
Impreso en Servicepoint
Printed in Spain

Libro ecológico
Impreso con papel procedente de bosques gestionados de manera eficiente, libre de cloro.

Contenido

CAPÍTULO 1
Introducción a ChatGPT

1.1. ¿Qué es ChatGPT?

ChatGPT fue lanzado en noviembre de 2022 y rápidamente capturó la atención mundial, alcanzando 10 millones de usuarios activos diarios en su primer mes. Nunca una tecnología había sido adoptada con tal rapidez. Este crecimiento, 10 veces más rápido que el de plataformas como Instagram o Google, marcó un antes y un después en la historia de la tecnología.

Lo que hace a ChatGPT revolucionario es que se trata de un modelo de inteligencia artificial (IA) avanzado, capaz de comprender y generar lenguaje humano de manera coherente y contextual. A diferencia de otros sistemas diseñados para tareas específicas, ChatGPT se adapta a una amplia variedad de aplicaciones: desde responder preguntas técnicas hasta crear contenido creativo. Este cambio de paradigma supone un gran avance en el campo de la IA, ya que permite interacciones más naturales entre humanos y máquinas. Sin embargo, también implica que debemos aprender a interactuar con estos modelos para utilizarlos de manera adecuada, lo que puede suponer un reto para algunas personas.

Este libro ha sido creado para que te adentres en el fascinante mundo de ChatGPT. Descubrirás cómo esta herramienta puede cambiar la forma en que te comunicas, trabajas y resuelves problemas. A lo largo de estas páginas, desglosaremos desde los conceptos más básicos de esta tecnología hasta sus aplicaciones más avanzadas, mostrándote cómo puedes aprovecharla sin importar si eres estudiante, emprendedor o, simplemente, alguien que quiere ser más eficiente en su día a día. Nos sumergiremos en la ingeniería de *prompts,* exploraremos usos prácticos y avanzados e incluso compartiremos casos reales para inspirarte. Este libro es una guía completa para dominar ChatGPT y aprovechar al máximo su potencial. Prepárate para descubrir cómo esta tecnología revolucionaria puede formar parte de tu vida diaria, transformándola de maneras que aún no imaginas.

ChatGPT es capaz de mantener conversaciones y proporcionar respuestas coherentes sobre una amplia variedad de temas: desde ciencia y tecnología hasta literatura y filosofía. Su capacidad para aprender del contexto y seguir el hilo de una conversación lo hace especialmente útil y versátil.

Para comprender cómo hemos llegado hasta aquí, es importante conocer el contexto y la historia de esta tecnología. Comencemos desde el principio: ChatGPT fue desarrollado por la empresa OpenAI. Esta tecnología se fundamenta en el procesamiento del lenguaje natural (NLP, por sus siglas en inglés), una rama de la IA que ha estado en desarrollo durante varias décadas. La IA, a su vez, es una disciplina de la ingeniería informática cuyo objetivo principal es conseguir que las computadoras realicen tareas que normalmente requieren de inteligencia humana.

El objetivo principal del NLP es lograr que las computadoras comprendan, interpreten y generen lenguaje humano de manera efectiva. En otras palabras, se trata de enseñar a las máquinas a entender y utilizar el lenguaje que usamos los seres humanos para comunicarnos entre nosotros.

Esto es crucial, porque la mayoría de la información en el mundo está en lenguaje humano, ya sea en libros, artículos o redes sociales. Ahora, imagina un futuro en el que las máquinas no solo comprendan lo que decimos, sino que realmente sean capaces de razonar de maneras que nosotros, como seres humanos, solo podemos soñar. No se trataría simplemente de usar la IA para búsquedas rápidas o traducciones automáticas (usos que, hoy día, ya existen), sino de algo mucho más profundo: un momento en el que la IA podría llegar a tener razonamientos tan avanzados que descubra soluciones para problemas que ahora parecen imposibles de resolver.

¿Podríamos, por ejemplo, llegar a ver curas para enfermedades que hemos considerado incurables o descubrir innovaciones que hoy nos parecen de ciencia ficción? Este futuro, que puede sonar a utopía o incluso a distopía, está más cerca de lo que imaginamos. Y, en este libro, exploraremos cómo la IA, y ChatGPT en particular, podría ser una de las herramientas que nos guíe hacia ese nuevo horizonte de posibilidades.

1.2. El funcionamiento detrás de ChatGPT

ChatGPT es un gran modelo de lenguaje o *large language model* (LLM). Quédate con estas siglas, porque aparecerán mucho a lo largo del libro. Un modelo (informático, no de los de carne y hueso) es un programa o *software* que permite predecir un evento determinado; por ejemplo, usamos el modelo climático para conocer el tiempo que hará en los próximos días y, así, poder anticiparnos. Pues bien, un modelo de lenguaje es similar, solo que, en lugar de predecir el tiempo, se predice cuál será la próxima palabra con mayor probabilidad de aparecer en una oración, en función del contexto.

Piensa en un LLM como una herramienta que permite a la máquina entender el lenguaje humano. Además, un LLM no busca solo el significado de cada palabra, sino que también trata de entender cómo se relacionan entre sí, para captar el significado completo de una oración o texto.

Existen muchos tipos de LLM, cada uno con sus características y peculiaridades. Uno de ellos es GPT, que probablemente te resulte familiar. Pero ¿te has preguntado alguna vez qué significa GPT? Proviene del inglés *generative pre-trained transformer*. Vamos a desglosarlo:

1. **Generativo** *(generative):* significa que es una IA capaz de crear o generar algo nuevo. En este caso, puede crear texto, imágenes y audio.
2. **Pre-entrenado** *(pre-trained):* antes de que puedas usarlo, GPT ya ha sido entrenado con una gran cantidad de datos. Digamos que está «listo para usar», sin necesidad de realizar ninguna tarea adicional.
3. *Transformer:* es el tipo de red neuronal que utiliza.

Al igual que el cerebro humano, una red neuronal puede aprender de la información que procesa y, con el tiempo, mejorar su capacidad para procesar información. Esto significa que ChatGPT puede entender el lenguaje natural humano y, a partir de esa comprensión, generar respuestas coherentes.

Estoy prácticamente seguro de que alguna vez habrás utilizado aquellos chats de atención al cliente de las páginas web: esos frustrantes sistemas en los que rara vez conseguías una solución a lo que necesitabas, debido a sus capacidades limitadas. Estos antiguos chats funcionaban de manera diferente; en lugar de entender el contexto de lo que estabas preguntando, se basaban en palabras clave para ofrecer respuestas predefinidas. Como resultado, la mayoría de las veces proporcionaban respuestas que no tenían nada que ver con lo que buscabas.

A diferencia de ellos, ChatGPT, en lugar de depender de palabras clave, es capaz de analizar el significado de toda una frase o incluso un conjunto de frases y, en función de ello, ofrecerte una respuesta más precisa y detallada. En otras palabras, ChatGPT puede «entender» mejor lo que le estás preguntando, lo que significa que es menos probable que te dé respuestas irrelevantes o genéricas, como los chats antiguos.

1.3. De GPT-1 a OpenAI o1 y más allá

Para entender bien qué es ChatGPT y su funcionamiento, es fundamental hablar de los diferentes modelos que le dan vida. Los modelos que se presentan a continuación están ordenados de forma cronológica, comenzando por el primer GPT en 2018 hasta OpenAI o1 en septiembre de 2024. OpenAI o1 es el primer modelo optimizado específicamente para la ejecución de operaciones complejas en tiempo real, incluyendo cálculos matemáticos y procesamiento avanzado de datos.

1.3.1. GPT-1

En 2018, OpenAI presentó su primer modelo de lenguaje denominado GPT. Su propósito principal era modesto pero ambicioso: predecir la siguiente palabra en una oración con exactitud y rigor. Aunque la utilidad de este modelo era limitada, sentó las bases para lo que estaba por venir. Podríamos decir que fue una demostración temprana del poder de los modelos de lenguaje basados en transformadores.

1.3.2. GPT-2

Un año después, en 2019, llegó GPT-2, una versión mejorada. Con una cantidad aún mayor de datos y un modelo mucho más grande, ya no se limitaba a predecir palabras individuales, sino que podía generar oraciones completas con fluidez, mostrando un avance importante para esta tecnología en áreas como la generación de lenguaje natural y la coherencia de las respuestas en tan solo un año. Este modelo contaba con 1500 millones de parámetros, y los resultados comenzaron a acercarse a un lenguaje más natural, aunque todavía quedaba camino por recorrer.

Nota: los parámetros hacen referencia a las conexiones existentes entre las diferentes capas de la red neuronal. A mayor número de parámetros, mayor complejidad de la red y, en principio, mejor desempeño del modelo.

1.3.3. GPT-3

En 2020, OpenAI rompió todas las barreras con el lanzamiento de GPT-3. Este nuevo modelo no solo supuso una evolución, sino un avance significativo, con una capacidad sin precedentes. Su arquitectura, entrenada con 175 000 millones de parámetros, lo llevó a un nivel nunca visto: ahora podía generar cadenas de texto de alta calidad. A raíz de la creación de este modelo, surgieron las denominadas «habilidades emergentes». Un modelo que había sido entrenado para predecir oraciones ahora podía realizar muchas más tareas, como traducir, responder preguntas o incluso escribir código. Este hito marcó un antes y un después en la historia de la IA.

1.3.4. GPT-3.5

Lanzado por OpenAI en junio de 2021, GPT-3.5 representó una mejora significativa sobre GPT-3, con avances notables. Uno de los principales fue su entrenamiento con conjuntos de datos variados, incluyendo texto y código, lo que mejoró su capacidad para manejar tareas de lenguaje más complejas. Este enfoque de entrenamiento permitió que GPT-3.5 comprendiera mejor el contexto, produjera respuestas más coherentes y generara contenido de mayor extensión, con menos problemas relacionados con imprecisiones o «alucinaciones» (cuando el modelo genera información incorrecta o sin sentido) que GPT-3.

GPT-3.5 incluyó varias versiones del modelo, algunas de las cuales mostraron una mayor precisión en el seguimiento de la intención del usuario. Además, la arquitectura de GPT-3.5 permitió generar salidas de texto más largas y mostró un mejor manejo de tareas complejas, como la respuesta a indicaciones más intrincadas en escritura creativa o la asistencia en programación.

1.3.5. ChatGPT

Lanzado en noviembre de 2022, ChatGPT fue mucho más que una simple novedad tecnológica: se convirtió en un fenómeno sin precedentes. En cuestión de días, su adopción aumentó a un ritmo asombroso, convirtiéndose en la aplicación de más rápido crecimiento en la historia de la humanidad. De repente, millones de personas en todo el mundo estaban interactuando con este sistema, probando su capacidad para mantener conversaciones fluidas, responder preguntas y realizar tareas de todo tipo. Fue un auténtico fenómeno que sacudió no solo el ámbito tecnológico, sino también la forma en que la sociedad entiende y utiliza la IA.

Para una gran parte de la población, la era de la IA comenzó con el lanzamiento de ChatGPT. Esto no es del todo correcto. Como hemos visto, los modelos de lenguaje de la serie GPT de OpenAI existen desde 2018, y los inicios de la IA se remontan a la década de los cincuenta.

Aunque es fácil confundir ChatGPT con los modelos de lenguaje en los que está basado, como GPT-3 o GPT-4, ChatGPT no es un modelo en sí mismo, sino una interfaz conversacional que permite al usuario común interactuar de manera fluida y natural con estos modelos. Su objetivo es democratizar la interacción con estos LLM, simulando una conversación, en lugar de solo generar texto de manera aislada. A través de esta capa de personalización, ChatGPT proporciona contexto a cada respuesta, mantiene el hilo de la conversación, responde preguntas y permite que los usuarios sientan que están dialogando con la IA. Más adelante profundizaremos en cómo funciona esta tecnología, pero es esencial recordar que los modelos de GPT son los encargados de generar el contenido, mientras que ChatGPT es la herramienta que nos permite interactuar con ellos de una forma conversacional y sencilla, proporcionando una interfaz fácil de usar que elimina la complejidad técnica de los modelos y facilita la experiencia para usuarios sin conocimientos avanzados en IA.

1.3.6. GPT-4

El 14 de marzo de 2023 se lanzó GPT-4. Hacía poco menos de cuatro meses que ChatGPT estaba disponible cuando llegó esta importante actualización. GPT-4 trajo mejoras sustanciales sobre GPT-3.5, especialmente en áreas como el razonamiento, la precisión factual y la capacidad para manejar indicaciones más extensas y complejas. Este modelo demostró una mayor capacidad para comprender el contexto y generar respuestas bien estructuradas y de alta calidad, posicionándose como el buque insignia en la serie de modelos de OpenAI durante los meses siguientes.

Hasta ese momento, la única ventaja que tenían los usuarios de ChatGPT Plus era tener acceso durante los máximos de demanda, es decir, los periodos de alto uso en los que muchos usuarios intentaban acceder al mismo tiempo. Sí, durante los primeros meses de vida, ChatGPT experimentaba caídas constantes, debido al alto e imprevisto volumen de usuarios. Si pagabas la suscripción, podías acceder incluso cuando el sistema estaba caído, pero poco más.

La actualización a GPT-4 ofreció motivos de peso para suscribirse a este servicio. GPT-4 puede resolver problemas difíciles con mayor precisión, gracias a su amplio conocimiento general y habilidades de resolución de problemas. Es el modelo más creativo y colaborativo hasta la fecha. A continuación, veamos algunas de las principales ventajas que aportó este modelo respecto a su predecesor.

1. **Multimodalidad:** GPT-4 no solo procesa texto, sino también imágenes y audio, lo que significa que puede entender y responder a distintos tipos de contenido. Esta capacidad permite que el modelo reconozca objetos en imágenes, escuche y genere audio y responda de manera más completa y natural. En otras palabras, la multimodalidad convierte a GPT-4 en una herramienta mucho más versátil, acercando la interacción humano-máquina a una comunicación similar a la que tenemos entre personas.

2. **Conexión a internet:** GPT-4 puede acceder a información en tiempo real a través de internet, lo cual significa que ya no está limitado por un conjunto fijo de conocimientos (una gran limitación de GPT-3.5). Esta conexión le permite buscar datos actualizados y ofrecer respuestas más precisas, de forma que mejora su utilidad en casos como consultas de noticias recientes, resultados deportivos o cualquier investigación que requiera de información reciente. Esto ha logrado mejorar su utilidad para consultas que requerían datos actualizados.

3. **Ventana de contexto ampliada:** GPT-4 podía procesar una mayor cantidad de texto, tanto en cada interacción como en el total de la conversación, gracias a una ventana de contexto significativamente más amplia que la de GPT-3.5. Esto le permitió manejar

conversaciones más largas y complejas, tener un mayor contexto en comunicaciones extensas y trabajar con documentos más largos.

4. **Mayor precisión y control en la generación de respuestas:** con GPT-4, se mejoraron los mecanismos de ajuste de tono y estilo, ofreciendo respuestas que se ajustaban mejor al contexto y las necesidades del usuario. Además, podía distinguir entre diferentes niveles de formalidad y adaptar el contenido según las instrucciones dadas.

5. **Reducción de errores y alucinaciones:** se optimizó la capacidad de GPT-4 para reconocer y evitar errores o «alucinaciones» (cuando el modelo genera información incorrecta o inventada). Aunque no es perfecto, fue mucho menos propenso a proporcionar datos falsos que su predecesor, GPT-3.5, lo que lo hizo más confiable en aplicaciones críticas.

6. **Mejora en la comprensión de instrucciones complejas:** GPT-4 tenía una mayor capacidad para comprender y ejecutar instrucciones detalladas y de múltiples pasos, gracias a un mejor entrenamiento y ajustes específicos. Esto lo hizo más adecuado para tareas complejas, como programación, generación de informes y otras actividades donde el detalle es clave.

7. **Integración con herramientas externas:** aunque dependía de herramientas como Whisper y DALL·E para determinadas funciones, GPT-4 estaba mejor integrado con estas herramientas, lo que facilitaba un flujo de trabajo más suave. Esto amplió su versatilidad y le permitió ofrecer una gama más amplia de servicios dentro de una misma plataforma.

Estas son algunas de las mejoras que hicieron de GPT-4 un modelo mucho más robusto y versátil, en comparación con GPT-3.5, ampliando sus capacidades y haciéndolo ideal para una gama más amplia de aplicaciones.

Para finalizar este apartado, veamos una comparativa oficial de GPT-4 y GPT-3.5. OpenAI evaluó ambos modelos de lenguaje mediante la realización de diferentes pruebas, que incluyeron simulaciones de exámenes diseñados para personas. Los resultados de estas pruebas se muestran en la figura 1, donde se compara el rendimiento de ambos modelos.

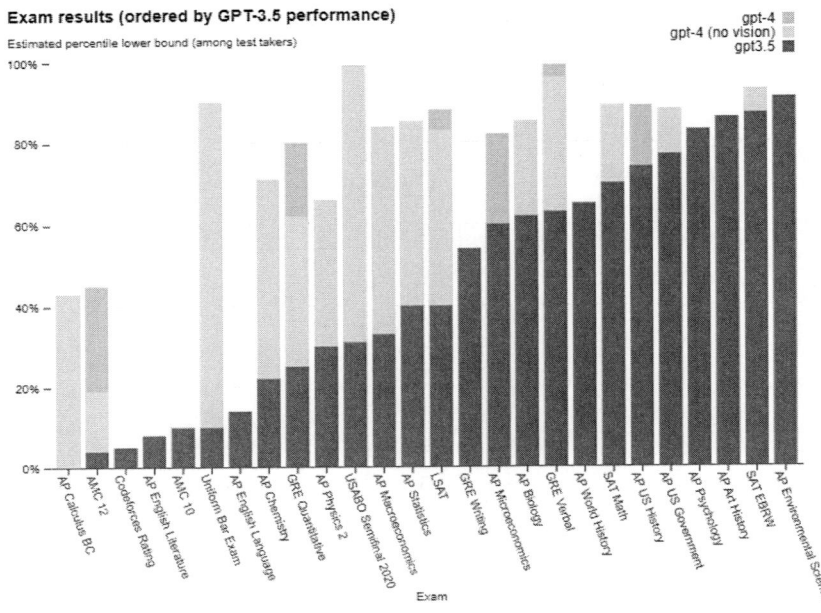

Figura 1. Resultados en diferentes exámenes GPT-3.5 versus GPT-4. Fuente: OpenAI.

El gráfico nos permite apreciar una realidad muy interesante: GPT-4 destaca en numerosas áreas donde su predecesor, GPT-3.5, no lograba sobresalir. Esto nos muestra que GPT-4 no es simplemente una versión mejorada de GPT-3.5, sino que ha logrado superar a su antecesor en una variedad de campos, de modo que amplía su utilidad y aplicabilidad.

1.3.7. GPT-4o

A comienzos de 2024, se rumoreaba que OpenAI no estaba entrenando GPT-5, y los adeptos de la IA veíamos cada vez menos probable que apareciera un nuevo modelo durante todo el año. Sin embargo, al más puro estilo de OpenAI, de repente anunciaron que, en la siguiente presentación, lanzarían un nuevo modelo. Estamos hablando de GPT-4o, donde «o» significa «omni», porque este modelo, a diferencia de sus predecesores, no solo es capaz de generar texto, sino también de entender y generar texto, imagen y audio: todo al mismo tiempo. Imágenes y audio simultáneamente significa que también puede procesar vídeo.

Quienes hayan trabajado con ChatGPT en la versión Plus podrían pensar: «Vale, pero GPT-4 también podía dictar, leer las respuestas y generar imágenes». Sí, eso es cierto. Sin embargo, la diferencia radica en el funcionamiento que hay detrás. GPT-4o da un gran salto respecto a su predecesor en la forma de entender y procesar diferentes tipos de datos.

A diferencia de GPT-4, que dependía de herramientas externas, GPT-4o puede comprender audio, imágenes y vídeos sin necesidad de conversión intermedia. Esto significa que, en lugar de convertir el audio a texto, GPT-4o entiende estos formatos de manera directa. Este entendimiento «nativo» le permite procesar diferentes tipos de entradas en su estado original y generar respuestas de forma más rápida y eficiente. En otras palabras, mientras que GPT-4 se apoyaba en sistemas externos para manejar formatos más allá del texto, GPT-4o es un modelo multimodal integral que procesa audio, imágenes y vídeos de manera nativa. Esto permite una comprensión y generación de contenidos más natural y rápida, lo que elimina la necesidad de herramientas auxiliares.

Ahora puedes enseñarle imágenes a ChatGPT para diferentes propósitos; por ejemplo, puedes mostrarle una foto si no sabes cómo ajustar el sillín de tu bicicleta y necesitas ayuda para encontrar el problema. También puedes enviarle una foto de lo que tienes en el frigorífico, y te ayudará a planear una comida con esos ingredientes. Incluso puede analizar gráficos complejos para datos de trabajo. Si quieres enfocarte en una parte específica de la imagen, puedes usar la herramienta de dibujo en la aplicación móvil, como se observa en la Figura 2.

Figura 2. Muestra una o varias imágenes a ChatGPT. Fuente: OpenAI.

Para empezar, toca el botón de la cámara para capturar o elegir una imagen. Si estás en iOS o Android, toca primero el botón de «+». También puedes comentar varias imágenes o usar la herramienta de dibujo para guiar a tu asistente.

La comprensión de imágenes está impulsada por los modelos multimodales. Estos modelos aplican sus habilidades de razonamiento lingüístico a una amplia variedad de imágenes, como fotografías, capturas de pantalla y documentos, que contienen tanto texto como imágenes.

1.3.8. OpenAI o1

En la actualidad, hemos alcanzado desarrollos en modelos de lenguaje que hace unos años eran impensables. ChatGPT supuso una auténtica revolución a nivel mundial, gracias al modelo de lenguaje GPT-3 que lo sustentaba. GPT-3 era capaz de generar texto con gran coherencia, de forma rápida y relativamente precisa. La llegada de GPT-4 representó un salto significativo: generaba texto más rápido, con una mayor exactitud y un mejor desempeño en tareas complejas.

Sin embargo, existía un problema común en estos modelos. Al formular una pregunta, los modelos tendían a proporcionar una respuesta inmediata, sin considerar la complejidad de esta; por ejemplo, preguntas como «¿cuál es la capital de España?» son de respuesta directa. Pero otras como «¿cómo afecta el principio de incertidumbre de Heisenberg a nuestra comprensión del comportamiento de las partículas subatómicas en la física cuántica?» requieren un análisis más detenido. Independientemente de la complejidad, los modelos ofrecían respuestas inmediatas, lo que en muchos casos conducía a errores por falta de reflexión.

Para ilustrar este problema, consideremos el comportamiento de modelos como GPT-4o frente a preguntas de diferentes niveles de dificultad:

- **Dificultad: baja**
  ¿Qué es una manzana?
  Respuesta inmediata, directa y generalmente correcta.
- **Dificultad: media**
  Escribe una fórmula matemática que dibuje en 3D una manzana.
  El modelo genera una respuesta instantánea, pero, al tratarse de una pregunta técnica, la respuesta puede contener errores.
- **Dificultad: alta**
  Explícame en chino cómo escribir una fórmula matemática que dibuje en 3D una manzana.
  Responde inmediatamente, pero la probabilidad de errores aumenta, debido a la necesidad de integrar varios niveles de conocimiento y habilidades, como traducir, interpretar conceptos matemáticos y aplicarlos.

Estos ejemplos muestran cómo los modelos tradicionales no distinguen entre la simplicidad de una pregunta y su complejidad inherente. Responden automáticamente, lo que puede ser útil en casos triviales, pero insuficiente en contextos más complejos, donde un análisis reflexivo es esencial.

Aquí es donde entra OpenAI o1. Este modelo se diferencia de la serie GPT en que no se apresura a dar una respuesta inmediata. En cambio, adapta su proceso de razonamiento según la dificultad de la pregunta. Para consultas simples, la diferencia puede ser sutil, pero, en tareas complejas, o1 demuestra un avance notable, al tomarse el tiempo necesario para analizar, estructurar y refinar su respuesta.

Responder sin detenerse a pensar puede llevar a respuestas incorrectas, especialmente en contextos complejos. OpenAI o1 aborda este desafío, marcando el inicio de una nueva era en modelos de lenguaje. El propio Sam Altman, CEO de OpenAI, afirmó que este modelo es el equivalente a cuando se lanzó GPT-2; aún queda un largo camino por recorrer.

A continuación, en la Figura 3, se presenta una comparación entre los modelos GPT-4o, o1-preview (al que tienen acceso los usuarios de GPT Plus) y o1 (que estará disponible próximamente para los suscriptores de pago). Con esta comparación, se mide el desempeño en pruebas de matemáticas, código y preguntas de nivel doctorado en Ciencia, respectivamente, de izquierda a derecha.

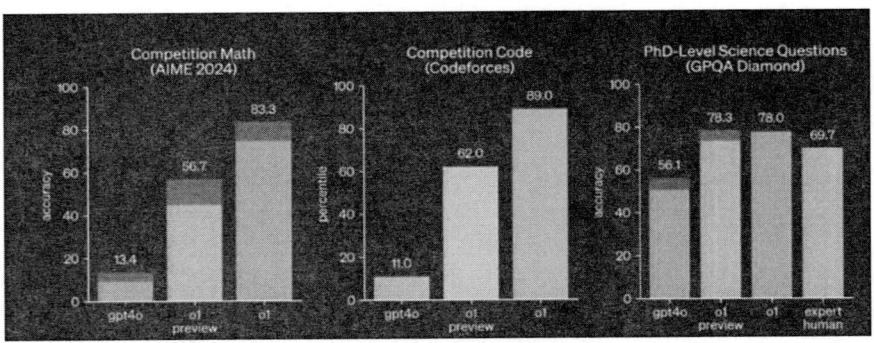

Figura 3. Pruebas para medir la capacidad de razonamiento. Fuente: OpenAI.

Sin duda, se trata de un gran avance. Si la humanidad logra desarrollar un modelo que no solo sea capaz de generar texto, sino que también pueda razonar por sí mismo e incluso autocorregir sus propios razonamientos, podríamos estar más cerca de alcanzar la superinteligencia: la inteligencia artificial general (AGI).

Hace ya varios años que existen inteligencias artificiales capaces de jugar a juegos como ajedrez o go mejor que los mejores jugadores a nivel mundial.

Esto es posible porque estos sistemas pueden anticipar jugadas futuras con gran profundidad, analizando infinitamente más opciones de las que cualquier humano es capaz. OpenAI o1 representa el inicio de este tipo de inteligencia aplicada al lenguaje. Imaginar una IA con capacidad de razonar a niveles sobrehumanos plantea preguntas fascinantes: «¿Podríamos curar el cáncer, resolver enigmas del universo, erradicar la pobreza a nivel mundial?». Si bien estas metas pueden parecer lejanas, es indudable que avanzamos en esa dirección.

1.3.9. GPT-5

El próximo modelo de OpenAI está en desarrollo, pero aún no tiene fecha oficial de lanzamiento. Se espera que mejore en aspectos como razonamiento, fiabilidad y capacidades multimodales, incluyendo voz, imagen y vídeo, superando a GPT-4. Aunque Sam Altman ha enfatizado que aún queda trabajo por hacer antes de su lanzamiento, se rumorea que ya hay avances internos significativos. La versión será probablemente de pago, siguiendo la estrategia de monetización actual de OpenAI.

¿No te quieres perder ningún avance? Únete a nuestra comunidad y recibe un *e-mail* semanal con las mejores noticias de este mundillo, así como futuras actualizaciones de este libro, directamente en tu bandeja de entrada. ¡No te lo puedes perder!

Figura 4. QR: únete a nuestra comunidad.

1.4. Limitaciones

En el apartado anterior, hemos visto los diferentes modelos de OpenAI y todo su potencial, pero eso no significa que estén exentos de limitaciones. Si bien es cierto que estas cada vez son menores, cabe resaltar algunas de ellas. A continuación, exponemos las principales.

1.4.1. Sesgos en los datos de entrenamiento

Los modelos de IA, como ChatGPT, aprenden de los datos con los que se los entrena. Si estos datos contienen sesgos, los modelos también los aprenderán, replicando y amplificando esos sesgos en sus respuestas. Esto puede resultar en resultados discriminatorios o parciales, como ocurrió en el caso de Amazon, que tuvo que dejar de usar un algoritmo de selección de personal que mostraba un sesgo de género, penalizando los CV que contenían la palabra «mujer». Para mitigar tales sesgos, se aplican diversas técnicas, como la selección cuidadosa de los datos de entrenamiento, la inclusión de datos más diversos y la implementación de ajustes posteriores mediante intervención humana, para reducir las respuestas discriminatorias.

1.4.2. Confusión entre hechos y ficción (alucinaciones)

Las alucinaciones son una de las mayores y más peligrosas limitaciones de los LLM. Para explicar qué son, he decidido preguntarle a ChatGPT; esto es lo que nos dice:

```
ChatGPT - Los modelos de lenguaje como yo, a menudo,
tienen una limitación conocida como "alucinaciones".
Esto ocurre porque nuestra principal función es
predecir la siguiente palabra más probable en una
oración, basándonos en nuestro entrenamiento con
grandes cantidades de texto (que incluyen tanto hechos
reales como ficción). Al no "comprender" la información
como lo hacen los humanos y solo replicar patrones de
lenguaje, podemos generar respuestas que parecen
```

convincentes, pero son incorrectas o inventadas; así que, aunque intentamos ser precisos, no siempre distinguimos adecuadamente entre hechos y ficción.

1.4.3. Limitaciones en tareas especializadas

ChatGPT puede tener dificultades para realizar tareas muy específicas y especializadas, particularmente cuando se trata de lenguaje técnico o científico altamente complejo. Aunque es capaz de manejar una amplia variedad de temas generales, su desempeño puede ser limitado cuando se enfrenta a terminología muy especializada, jerga de nichos científicos o áreas donde se requiere un entendimiento profundo del contexto. En estos casos, los resultados pueden no ser precisos, y es importante contar con la intervención de un experto humano para validar y ajustar la información proporcionada.

1.4.4. Valor a pesar de las limitaciones

A pesar de sus limitaciones, el valor de ChatGPT es indiscutible. Su habilidad para generar respuestas coherentes y adaptarse a diferentes contextos lo convierte en una herramienta esencial para incrementar la productividad.

Sin embargo, las respuestas generadas a menudo requieren revisión humana, para asegurar precisión y adecuación al contexto.

CAPÍTULO 2
Primeros pasos con ChatGPT

2.1. Creación de una cuenta

Crear una cuenta en ChatGPT es un proceso fácil y rápido. Simplemente, sigue estos pasos:

1. **Abre tu navegador y visita** chat.openai.com.
2. **Haz clic en «Suscribirse»:** en la página principal, haz clic en el botón que dice «Suscribirse». No te preocupes: es gratis.
3. **Completa el formulario de registro:** ingresa tu dirección de correo electrónico y una contraseña. También puedes registrarte con tu cuenta de Google o Microsoft, para mayor rapidez y comodidad.
4. **Verifica tu correo electrónico:** OpenAI te enviará un correo de verificación. Abre el correo y sigue las instrucciones para verificar tu cuenta.
5. **Inicia sesión en tu cuenta:** una vez verificado tu correo, podrás iniciar sesión en tu cuenta de OpenAI y acceder a ChatGPT desde el menú principal.
6. **Completa la información adicional:** al iniciar sesión por primera vez, se te pedirá tu nombre y apellido.
7. **Verificación por SMS:** luego, deberás proporcionar tu número de teléfono para verificarlo mediante un SMS. Introduce el código que recibas.

8. **¡Listo!** Ya tienes acceso a ChatGPT y puedes comenzar a usarlo para una amplia variedad de tareas.

Una vez que hayas iniciado sesión, verás la pantalla principal, donde puedes escribir tu consulta en el cuadro de texto destacado.

Por ejemplo, supongamos que quieres saber cómo cocinar una tortilla de patata. Escribe en el cuadro de texto lo siguiente:

Prompt - Explícame cómo cocinar una tortilla de patata, de forma breve, por favor

Después de escribir tu consulta, presiona la tecla Enter o haz clic en el botón «Enviar» (flecha apuntando hacia arriba). Luego, espera unos segundos mientras ChatGPT procesa tu solicitud. Una vez completada, recibirás una respuesta en la ventana de chat. ChatGPT te proporcionará una respuesta fácil de seguir, acorde con tus instrucciones. Si tienes más preguntas sobre un tema, como el proceso de cocina de la tortilla de patata, puedes seguir dando instrucciones, y ChatGPT continuará proporcionándote información.

2.2. Preguntas frecuentes

2.2.1. ¿Qué es un *prompt*?

Un *prompt* es una instrucción que le das al LLM para que realice una tarea. Es como hablarle o escribirle lo que deseas que haga, similar a hablar con una persona en línea con un gran conocimiento.

Los *prompts* pueden variar desde una simple pregunta hasta varias frases o un contexto completo, lo que permite generar respuestas más precisas. Si alimentamos a ChatGPT con la información adecuada, podemos explorar muchas posibilidades y acceder a un gran conocimiento.

La calidad de nuestras entradas determina la calidad de las respuestas. Proporcionar entradas detalladas permite al modelo entregar respuestas más personalizadas, ajustadas a nuestras necesidades y expectativas. La clave para aprovechar al máximo ChatGPT u otros LLM radica en la calidad de la información que proporcionamos.

Veamos la efectividad de distintos niveles de instrucciones con tres ejemplos:

Prompt básico - Escribe un cuento corto

Prompt con algo de detalle - Escribe un cuento corto ambientado en un mundo medieval, con un joven héroe aventurero

Prompt con mayor detalle - Escribe un cuento corto de aproximadamente 500 palabras, ambientado en un mundo medieval, donde un joven héroe llamado Aron, acompañado por su lobo, se embarca en una aventura en busca de una espada legendaria, enfrentándose a desafíos y criaturas místicas.

Usa estos *prompts* con ChatGPT y notarás que la respuesta al primero es general, mientras que el último ofrece una respuesta más acorde con nuestras necesidades, gracias a los detalles proporcionados.

2.2.2. ¿Está ChatGPT disponible de forma gratuita?

¡Sí! ChatGPT está disponible de forma gratuita, y puedes usarlo para escribir, programar, aprender cosas nuevas y mucho más. Sin embargo, también existe una opción de suscripción llamada ChatGPT Plus, que cuesta 21,99 euros al mes.

Con ChatGPT Plus, obtienes acceso a beneficios adicionales como:

- El acceso prioritario al modelo avanzado OpenAI o1 y Canvas

- La herramienta de generación de imágenes DALL·E 3

- Las últimas mejoras y actualizaciones de rendimiento

Esta opción de pago es ideal para aquellos que desean una experiencia aún más completa y rápida.

2.2.3. ¿Existe una aplicación de ChatGPT?

Sí, existe una aplicación oficial de ChatGPT, tanto para iPhone como para Android. Es importante asegurarse de descargar la *app* oficial de OpenAI para evitar aplicaciones falsas ya que, en la App Store de Apple y en Google Play Store, pueden encontrarse muchas que no están afiliadas a OpenAI.

Además, ambas aplicaciones son completamente gratuitas y han recibido buenas críticas. Resulta muy recomendables si buscas acceso rápido a ChatGPT desde el móvil. Además, así podrás dictarle.

Por otro lado, también está disponible una aplicación de ChatGPT para macOS. Esta aplicación permite acceder rápidamente al *chatbot* con un atajo de teclado. Inicialmente, esta versión para Mac estaba disponible solo para suscriptores de ChatGPT Plus, pero recientemente OpenAI la ha hecho accesible para todos los usuarios.

2.2.4. ¿Es seguro ChatGPT?

El uso de *chatbots* de IA como ChatGPT ha generado preocupaciones sobre su impacto en la inteligencia humana, la desinformación y la privacidad. Algunos temen que los *chatbots* reemplacen habilidades humanas, como la redacción de ensayos, lo cual ha generado preocupaciones sobre el fraude en la educación. En un principio, algunas escuelas bloquearon el acceso a ChatGPT, pero muchas lo han desbloqueado y algunas universidades incluso incorporan cursos de IA.

Existe también la posibilidad de que los *chatbots* propaguen desinformación. ChatGPT recomienda verificar la información recibida, ya que sus respuestas no siempre son precisas. OpenAI advierte que el modelo puede generar respuestas que parecen creíbles pero que son incorrectas.

Por otro lado, hay preocupaciones éticas sobre los datos utilizados para entrenar a ChatGPT. OpenAI ha recopilado datos de internet sin consentimiento, lo que plantea cuestiones de derechos de autor. Además, se cuestiona el uso de datos de los usuarios para mejorar el modelo, aunque OpenAI permite desactivar el uso de los datos para el entrenamiento y el historial de chat.

Si la privacidad es tu principal preocupación, OpenAI ofrece opciones para proteger tus datos. El debate sobre las preocupaciones éticas continúa y es probable que las normas sobre el uso de IA evolucionen con el tiempo.

2.2.5. ¿Se usarán mis conversaciones con ChatGPT para entrenamiento?

Por defecto, OpenAI utiliza las conversaciones en el *chatbot* gratuito para mejorar su tecnología. Sin embargo, puedes optar por no compartir tus datos para entrenamiento. Solo necesitas hacer clic en el signo de interrogación en la esquina inferior izquierda, seleccionar «Configuración» y desactivar la opción «Mejorar el modelo para todos».

2.2.6. ¿Se puede detectar ChatGPT?

La respuesta corta es «sí»; existen herramientas con las cuales detectar textos generados por ChatGPT, pero la realidad es que ninguna ofrece una precisión completamente fiable. Actualmente, no hay forma de comprobar al 100 % si un texto ha sido redactado por ChatGPT utilizando herramientas de detección.

Lo más efectivo, en realidad, es tener experiencia utilizando ChatGPT. Aquellas personas que han trabajado bastante con este tipo de modelos pueden, en muchas ocasiones, identificar determinados patrones en las respuestas generadas; por ejemplo, ChatGPT tiende a emplear un estilo de redacción algo impersonal y estructurado. Sin embargo, esta evaluación es subjetiva y depende mucho de la percepción del lector, por lo que no se trata de un método infalible.

Cabe destacar que no hay nada de malo en utilizar ChatGPT como herramienta de apoyo para redactar o pulir un texto, siempre y cuando las ideas y el contenido principal provengan de nosotros mismos. ChatGPT puede ser un excelente complemento para mejorar la claridad y la precisión de nuestros escritos, al permitirnos mantener el control sobre el mensaje y el estilo.

En resumen, aunque existen herramientas de detección, ninguna es completamente fiable. En definitiva, lo importante es que seamos nosotros quienes demos forma al contenido y mantengamos nuestra voz original en todo el proceso de redacción.

2.3. Consejos para redactar buenas instrucciones

La calidad de una instrucción es esencial para obtener resultados de calidad. Al proporcionar instrucciones bien redactadas, las conversaciones serán más gratificantes y generarán información valiosa. Para lograr este objetivo, se recomienda tener en cuenta los siguientes aspectos a la hora de formular nuestras instrucciones:

A. **Claridad:** es preferible ser claro y preciso. Evita el uso de lenguaje ambiguo, que pueda generar confusión.

B. **Concisión:** no emplees palabras innecesarias; una instrucción breve y concisa facilitará la comprensión y mejorará la calidad de la respuesta.

C. **Enfoque:** establece un objetivo claro que alcanzar y sé lo más específico posible en tu instrucción, para mantener la conversación enfocada.

D. **Relevancia:** asegúrate de que las instrucciones proporcionadas sigan una dirección clara y evita abordar temas no relacionados que puedan desviar la atención de la conversación principal.

Siguiendo estos consejos, tus interacciones con ChatGPT serán más productivas, permitiéndote obtener mejores respuestas en cada conversación.

2.4. La importancia del contexto

Al interactuar con ChatGPT, es fundamental ofrecerle un contexto claro y detallado. Aunque podamos tener en mente una idea precisa de lo que queremos lograr, si no la explicamos con suficiente claridad, el modelo podría generar una respuesta vaga o demasiado general. Para preguntas simples o de respuesta directa, esto puede ser suficiente. Sin embargo, cuando buscamos abordar temas más complejos, desarrollar planes o crear estrategias, el contexto se vuelve crucial. Cuanto más detallado sea el contexto que proporcionemos a ChatGPT, mejor entenderá nuestras necesidades y más eficazmente podrá adaptarse a ellas, ofreciendo respuestas más precisas y útiles. Al igual que en una búsqueda en Google, cuanto más específica sea la información que proporcionemos, más afinados y relevantes serán los resultados. ChatGPT necesita un contexto adecuado para ser verdaderamente eficaz en sus respuestas. El ejemplo a continuación ilustra cómo el modelo puede variar en la calidad de sus respuestas, según la cantidad y la calidad del contexto.

Prompt - ¿Cómo puedo aumentar el tráfico a mi sitio web?

Respuesta sin suficiente contexto - Para aumentar el tráfico a tu sitio web, considera utilizar técnicas de SEO para mejorar tu posicionamiento en los motores de búsqueda y publicar contenido de manera regular.

Problema: aunque la respuesta es válida, es demasiado genérica y podría no ser efectiva, dependiendo del tipo de sitio web, el público objetivo o los objetivos específicos del negocio.

Pregunta al modelo con contexto adicional - Tengo una tienda en línea de accesorios deportivos y quiero aumentar el tráfico a mi sitio. ¿Qué estrategias específicas me recomiendas?

Respuesta con contexto - Para aumentar el tráfico a tu tienda de accesorios deportivos, colabora con influencers para reviews y menciones. Lanza campañas PPC enfocadas en términos relacionados y optimiza tu sitio para móviles, incluyendo palabras clave relevantes en las descripciones para mejorar el SEO.

Resultado - Con un contexto más específico sobre el tipo de negocio y el mercado objetivo, el modelo ofrece sugerencias detalladas y directamente aplicables que probablemente serán más efectivas para el usuario en cuestión.

Este ejemplo muestra cómo incluso una pregunta inicial que parece razonable puede beneficiarse enormemente de detalles adicionales, lo que permite que la respuesta sea mucho más dirigida y útil.

A lo largo de los siguientes capítulos, seguiremos trabajando en el desarrollo de habilidades, para crear instrucciones efectivas y aprovechar al máximo esta poderosa herramienta.

2.5. Memoria y personalización

En septiembre de 2024, OpenAI implementó una función de **memoria** en ChatGPT para que el modelo pueda recordar la información que compartes durante tus conversaciones y usarla en futuras interacciones. El objetivo es hacer que tus charlas sean más personalizadas y útiles. Esto significa que, en lugar de tratar cada conversación como algo independiente, ChatGPT puede aprender y adaptarse a tus preferencias y necesidades a lo largo del tiempo.

Cuanto más converses con esta herramienta, más datos recordará sobre ti y más te conocerá, siempre y cuando tengas activada esta función. Pero ¿cómo funciona esto de la memoria?

Imagina que le dices a ChatGPT que te gusta que sus respuestas sean en forma de lista. Con esta función, en lugar de repetir esta preferencia cada vez, ChatGPT lo recordará automáticamente y adaptará sus respuestas en futuras nuevas conversaciones. De esta manera, no tienes que volver a pedir lo mismo, haciendo la experiencia más fluida y eficiente.

Otro caso podría ser: supongamos que estás usando ChatGPT para gestionar tu tienda de café. Si le dices el nombre de la tienda y los precios de los productos, ChatGPT puede recordarlos para ayudarte más adelante, ya sea creando publicaciones para tus redes sociales o redactando un menú actualizado. Si decides cambiar el precio de un producto, simplemente, le informas al modelo, y este actualizará esa información.

Lo mejor es que **tú tienes el control total** de esta memoria. Puedes:

- Pedirle a ChatGPT que recuerde u olvide información específica; por ejemplo, si ya no quieres que recuerde el precio de tus productos, simplemente pídeselo.

- Gestionar o borrar todos los recuerdos desde la configuración de la aplicación.

Si prefieres que ChatGPT no recuerde nada de lo que dices, también puedes **desactivar la memoria por completo.** En este caso, todas las conversaciones serán tratadas como independientes y no se guardará ninguna información.

2.5.1. Chat temporal

En situaciones donde la privacidad es importante, puedes usar un **chat temporal,** escogiéndolo desde el selector de modelos. En este modo, ninguna información se guarda ni se utiliza para entrenar los modelos. Cuando cierres la conversación, esta desaparece y no se volverá a mostrar. Es ideal si necesitas mantener una conversación completamente privada.

CAPÍTULO 3
Usos básicos de ChatGPT

3.1. Introducción

En este capítulo, nos sumergiremos en los usos más comunes de ChatGPT, explorando cómo esta herramienta increíblemente versátil puede simplificar y enriquecer nuestro día a día. ChatGPT puede asistirte en una amplia variedad de tareas: desde generar textos, definir conceptos y planificar rutinas, hasta resumir textos extensos en ideas clave, ofrecer recomendaciones personalizadas o darte ideas creativas para proyectos y problemas. Además, tiene la capacidad de analizar datos para obtener puntos de vista valiosos, interpretar imágenes, escribir y depurar código e incluso sorprenderte con ideas inesperadas.

Entre estas sorpresas, ChatGPT también incluye algunos detalles curiosos que demuestran la creatividad detrás de su diseño; por ejemplo, si le pides que diga un número entre 0 y 100, es muy probable que elija el 42 más a menudo de lo esperado. Este número es un *Easter egg,* basado en la famosa obra de ciencia ficción *La guía del autoestopista galáctico,* donde se define como «la respuesta a la vida, el universo y todo lo demás». Aunque no afecta al uso práctico de la herramienta, este guiño muestra cómo los desarrolladores han integrado elementos culturales y divertidos para hacerla más interesante.

Aprenderemos a sacarle el máximo partido a sus funcionalidades básicas y avanzadas, entraremos en los fundamentos de la ingeniería de *prompts* y descubriremos estrategias clave para interactuar de manera más efectiva. Por último, exploraremos la funcionalidad de Canvas, una nueva incorporación que amplía aún más las posibilidades. Prepárate para descubrir cómo usar ChatGPT para tareas cotidianas, proyectos estructurados y mucho más.

3.2. ¿Qué podemos hacer con ChatGPT?

ChatGPT nos ofrece una serie de funcionalidades básicas que pueden ser muy útiles. Al comprender y generar lenguaje humano de manera coherente y contextual, este modelo abre un mundo de posibilidades. Las capacidades de ChatGPT incluyen la generación de texto, la respuesta a preguntas, el resumen de información o la traducción de idiomas, entre otras muchas. A continuación, exploraremos estos usos básicos que, aunque parezcan simples, son la base sobre la que se construyen aplicaciones más complejas y personalizadas.

3.2.1. Generación de texto

Como se mencionó en el capítulo I, ChatGPT es un gran modelo de lenguaje (LLM), y una de sus principales funciones es la generación de texto. Este modelo de IA no solo entiende y procesa el lenguaje humano, sino que también lo utiliza para crear textos nuevos y coherentes. Al escribir, ChatGPT considera el contexto de la conversación para que las respuestas sean adecuadas a lo solicitado; por ejemplo, si se le proporciona información previa sobre un tema específico, puede utilizar esos detalles para ofrecer respuestas más personalizadas.

La habilidad de generar texto de forma rápida y coherente resulta muy útil en diversas aplicaciones: desde responder preguntas o redactar correos electrónicos, hasta programar aplicaciones.

3.2.2. Definir términos

Hoy día, cuando nos encontramos con términos desconocidos, ChatGPT nos ofrece una alternativa efectiva a los diccionarios en línea o a las búsquedas en Google. Este LLM no solo proporciona definiciones, sino que las contextualiza, de forma que podemos lograr una comprensión más profunda. Aunque ChatGPT es una herramienta poderosa, tiene limitaciones y puede producir respuestas inexactas. Aun así, sigue siendo un recurso valioso para entender cualquier término de manera intuitiva; por ejemplo, si buscas entender qué es el «Bitcoin», en lugar de buscar en Google y navegar entre enlaces y anuncios, podrías usar ChatGPT y obtener una respuesta directa.

Otra ventaja es que puedes ajustar la complejidad de las definiciones según tus necesidades: desde explicaciones técnicas, hasta versiones simplificadas para un niño de diez años. Veamos algunos ejemplos.

Prompt - ¿Qué es la computación cuántica? Explícalo brevemente en términos técnicos.

ChatGPT - La computación cuántica es un campo de la informática que utiliza principios de la mecánica cuántica para procesar y almacenar información. Emplea bits cuánticos o qubits, que pueden estar en múltiples estados al mismo tiempo, lo que permite realizar cálculos de manera más eficiente.

Prompt - Ahora explícalo para un niño de 10 años.

ChatGPT - La computación cuántica es como un superpoder para las computadoras. Imagina que las computadoras normales usan bloques pequeños llamados "bits" para hacer cálculos. Pero las computadoras cuánticas usan algo llamado "qubits", que son como súper bits que pueden estar en muchas posiciones al mismo tiempo. Esto hace que las computadoras cuánticas sean mucho más rápidas.

El LLM de OpenAI se adapta fácilmente a nuestras necesidades, ofreciendo definiciones con el nivel de detalle y simplicidad requerido, ya sea una explicación técnica para expertos o una analogía sencilla para principiantes.

También podemos explorar enfoques más creativos, como pedirle a ChatGPT que defina un término, como la computación cuántica, en forma de rima consonante, algo que rara vez encontraríamos en una búsqueda web convencional.

`Prompt` - Define computación cuántica en rima consonante.

`ChatGPT` - La computación cuántica es un arte,

que en bits cuánticos se hace parte.

Qubits son la clave,

en múltiples estados se suelen hallar,

resolviendo problemas con gran destreza;

es una tecnología que a todos sorprende con sutileza.

Nada mal para ser una IA, ¿verdad?

3.2.3. Generación de ideas

ChatGPT es excelente para generar ideas innovadoras. Ya sea que estés buscando inspiración para un proyecto creativo, necesites sugerencias para resolver un problema en el trabajo o, simplemente, quieras explorar nuevos temas para un blog, ChatGPT puede ayudarte a abrir nuevas puertas. Pregúntale, y el modelo generará una variedad de ideas y sugerencias basadas en el conocimiento que ha aprendido.

Además de proporcionar ideas iniciales, ChatGPT puede ayudarte a expandir estas ideas, explorando diferentes ángulos y profundizando en detalles que quizá no habías considerado. Esta herramienta no solo aporta cantidad, sino también calidad, permitiéndote ver nuevas posibilidades que antes no habías considerado y fomentando un proceso creativo más rico y diverso; por ejemplo, si comienzas con una idea general para una campaña publicitaria, ChatGPT puede sugerir enfoques específicos, eslóganes y estrategias que no habías contemplado inicialmente.

Si deseas que las ideas que genera sigan determinadas reglas o restricciones, puedes guiar al modelo indicándole las limitaciones que consideres; por ejemplo, podrías pedirle que incluya palabras específicas, cierta cantidad de letras o que siga un tema en particular. Esto hace que la herramienta sea más útil, porque puedes personalizar las ideas a tu gusto. Y, lo mejor de todo, ChatGPT nunca se cansa de ofrecer nuevas ideas. Siempre está listo para ayudarte, generando continuamente sugerencias, sin importar cuántas veces le pidas; así que no importa si las ideas son más simples o elaboradas: ChatGPT está diseñado para satisfacer tus necesidades creativas sin límite.

3.2.4. Traducción de texto

ChatGPT traduce basándose en el aprendizaje automático, lo cual le permite abordar textos complejos, como poesía o documentos técnicos, de manera efectiva. La calidad de estas traducciones varía según el idioma, siendo generalmente más precisas en lenguas como el inglés, el español o el francés, y menos en idiomas menos comunes como el hindi o el nepalí, debido a la menor disponibilidad de datos de entrenamiento en estos idiomas.

Cuando usamos ChatGPT para traducir, podemos ajustar factores en función del contexto, como el estilo y la precisión, para adaptarse mejor al contenido original; por ejemplo, al traducir poesía, podemos elegir entre mantener el estilo poético y las metáforas u optar por una traducción más literal.

Prompt - Traduce el siguiente poema a español, literalmente:

Some say the world will end in fire,

Some say in ice.

From what I've tasted of desire

I hold with those who favor fire.

But if it had to perish twice,

I think I know enough of hate

To say that for destruction ice

Is also great

And would suffice

ChatGPT - Algunos dicen que el mundo acabará en fuego,

Algunos dicen en hielo.

Por lo que he probado del deseo,

me quedo con aquellos que favorecen el fuego.

Pero, si tuviera que perecer dos veces,

creo que conozco suficiente del odio

para decir que, para la destrucción, el hielo

también es grandioso

y sería suficiente.

Prompt - Traduce el mismo poema a español, manteniendo la rima:

ChatGPT - Algunos dicen que el mundo acaba en fuego,

otros en hielo frío y sin sosiego.

Del deseo que he probado en mi existir,

prefiero el fuego, pues es más vivir.

Pero, si tuviera que morir dos veces,

conozco del odio la lacerante esencia,

y sé que, para la destrucción, el hielo

también es apto y de sobra suficiente.

Como se puede observar, hay una notable diferencia entre ambas traducciones. Al pedir que se mantenga la rima, ChatGPT, debido a su habilidad para entender el contexto, incorpora palabras que facilitan este objetivo.

3.2.5. Clasificar textos

La clasificación de textos es otra de las habilidades útiles de ChatGPT. Esta clasificación se puede personalizar según diferentes criterios, como el análisis de sentimientos, el tema del contenido o el nivel de urgencia, lo que destaca su gran versatilidad. Este proceso implica organizar textos en categorías predefinidas, lo que puede ser especialmente valioso en varios contextos, como el análisis de sentimientos, la organización de correos electrónicos por temas o la clasificación de contenido por niveles de urgencia o relevancia.

Por ejemplo, si una empresa recibe miles de opiniones de clientes diariamente, ChatGPT puede clasificar estos comentarios automáticamente como positivos, negativos o neutros. Esta capacidad no solo ahorra tiempo, sino que también ayuda a identificar rápidamente áreas específicas que requieren atención, como problemas recurrentes en el servicio al cliente o temas comunes en el *feedback* de los usuarios.

En el ámbito académico, ChatGPT puede ayudar a clasificar artículos de investigación según sus temas, lo que facilita la gestión de grandes volúmenes de información académica.

3.2.6. Extraer información

La extracción de información es otra habilidad clave de los modelos de lenguaje. ChatGPT puede identificar datos específicos de grandes volúmenes de texto, facilitando la obtención rápida de detalles importantes sin revisión manual completa.

Por ejemplo, en el ámbito legal o financiero, donde los documentos pueden ser extensos y complejos, ChatGPT puede ayudar a localizar rápidamente cifras clave, fechas importantes o términos específicos de un contrato o reporte. Esto hace que la revisión de documentos sea mucho más eficiente y menos propensa a errores de omisión, ya que permite extraer, de forma precisa, los elementos relevantes sin necesidad de leer el documento completo.

En el contexto de la investigación académica, esta capacidad permite a los investigadores extraer citas, conceptos fundamentales o resultados de estudios previos sin tener que leer cada artículo completo, lo que facilita la revisión de bibliografía y el avance en nuevos proyectos.

3.2.7. Creación de listas y tablas

Una de las ventajas más prácticas de ChatGPT es su capacidad para ofrecer respuestas en diferentes formatos. No se limita a generar texto en párrafos; también puede estructurar la información en listas con puntos clave, listas numeradas o incluso en tablas. Para obtener la salida en un formato específico, simplemente, debes indicarlo, como si estuvieras hablando con otra persona; por ejemplo, puedes decir: «Preséntame esta información en una tabla» o «dame una lista con cinco puntos principales».

Por ejemplo, si estás planeando un evento y necesitas organizar una lista de tareas, podrías pedir a ChatGPT: «Enumera las tareas necesarias para organizar el evento». ChatGPT entonces podría generar una lista numerada con todos los pasos que seguir, lo que facilitaría la visualización y organización de las tareas.

Del mismo modo, si necesitas comparar características de diferentes productos, simplemente puedes decir: «Muestra las características en una tabla». ChatGPT presentará los datos en una tabla, permitiéndote ver fácilmente las diferencias y similitudes de un vistazo. Esta capacidad de adaptar el formato de la información a pedido hace que ChatGPT sea una herramienta extremadamente versátil y útil en diversos contextos: desde la planificación personal, hasta usos profesionales y académicos.

3.2.8. Resumir textos

ChatGPT puede resumir textos de manera rápida y precisa, lo cual es muy útil cuando se manejan grandes volúmenes de información. Puede condensar no solo textos proporcionados directamente, sino también libros y artículos conocidos.

Por ejemplo, puedes pedir un resumen del libro *Padre rico, padre pobre,* lo cual ayuda a los usuarios a entender libros complejos de manera simplificada. Además, esta herramienta permite elegir el formato del resumen, como listas con puntos clave, listas numeradas o tablas, lo cual es especialmente útil para estudiantes y profesionales.

ChatGPT no solo elimina texto redundante, sino que también destaca los aspectos más importantes, como los argumentos clave, los hallazgos principales o las ideas centrales. Esto lo hace ideal para preparar material de estudio, simplificar la lectura de informes o resumir libros y artículos de investigación, lo que mejora la eficiencia en el ámbito académico y profesional.

3.3. Ejemplos de uso cotidianos

Es fácil pensar que ChatGPT está reservado para quienes trabajan en oficinas o puestos técnicos, pero no es así. Esta herramienta tiene un sinfín de aplicaciones en la vida diaria: desde la gestión del tiempo y la organización personal, hasta la asistencia educativa y la planificación de actividades. ChatGPT puede ayudarte con la organización de tus listas de la compra, la creación de rutinas de ejercicio o la planificación de viajes. Está aquí para hacer que las tareas cotidianas sean más fáciles y eficientes.

A continuación, te presentamos algunos ejemplos, pero recuerda que las posibilidades son tan amplias como tu imaginación y tus necesidades diarias.

3.3.1. Recetas con ingredientes disponibles

Imagina que abres la nevera y te encuentras con algunos ingredientes sueltos: un par de zanahorias, un poco de pollo y, quizá, algo de pasta. No tienes mucho tiempo ni ganas de pensar, pero quieres hacer algo delicioso y rápido con lo que tienes a mano. Aquí es donde entra ChatGPT para salvarte. Con la ayuda de un *prompt* bastante sencillo, puedes obtener una receta creativa y rápida, sin necesidad de buscar un libro de cocina o navegar entre cientos de páginas de internet. ChatGPT te ofrecerá ideas, alternativas y hasta posibles sustituciones para aquellos ingredientes que podrías no tener.

Prompt ejemplo - Tengo en la nevera zanahorias, pollo y pasta. Quiero preparar una receta que sea rápida, fácil y deliciosa. ¿Podrías sugerirme algunas ideas de platos principales y darme la receta paso a paso? Si es posible, incluye variantes o sugerencias de ingredientes que podría agregar o sustituir para mejorar el plato.

¿Por qué funciona este *prompt*?

- **Especificidad:** le dices a ChatGPT exactamente qué ingredientes tienes, lo cual reduce el rango de opciones y lo enfoca.
- **Flexibilidad:** al pedir variantes o sugerencias de sustitución, permites que ChatGPT ofrezca más ideas y te ayude a adaptarte a lo que tengas disponible.
- **Enfoque claro:** mencionas que quieres una receta rápida y fácil, así que ChatGPT entiende que no necesitas técnicas avanzadas, sino algo práctico y directo.

3.3.2. Listas de compra

Imagínate que estás pensando en todo lo que necesitas comprar esta semana: desde el desayuno hasta la cena, pasando por algún capricho. En lugar de escribirlo todo en papel, o tratar de recordar cada cosa mientras caminas por el supermercado, puedes usar ChatGPT para hacerte la vida más fácil. Simplemente, le dictas lo que necesitas directamente desde la aplicación de ChatGPT, mencionando cada producto conforme se te viene a la mente. Luego, le pides que te organice la lista de forma ordenada. Una vez lista, solo tienes que copiar y pegar en tu editor de notas del móvil, ¡y listo! Ya tienes una lista que puedes ir tachando sobre la marcha mientras compras, adaptándote a los tiempos modernos y haciendo todo de manera más eficiente y rápida.

`Prompt ejemplo (app móvil, modo voz)` - A continuación, te voy a dictar mi lista de la compra: [menciona los productos]. Por favor, agrupa los productos en categorías como frescos, enlatados y lácteos. Hazlo en formato de lista, para que pueda copiar y pegar en mi aplicación de notas.

Por qué funciona este *prompt:*

1. **Estructura clara:** al pedirle que organice los productos en categorías, tu lista será visualmente más fácil de seguir y te ahorrará tiempo en el supermercado.
2. **Optimización para el uso:** solicitar el formato de lista listo para copiar y pegar asegura que ChatGPT te dé un resultado que sea útil.
3. **Comodidad:** este *prompt* también facilita el dictado, permitiéndote usar la voz para capturar tus ideas de manera rápida, manteniéndote organizado, sin el esfuerzo de escribir o recordar cada cosa.

3.3.3. Rutinas de ejercicio

A veces, puede ser complicado saber por dónde empezar o cómo estructurar una rutina de gimnasio que se adapte a tus necesidades específicas. Aunque parezca que una IA no sería la fuente ideal para algo tan personalizado, ChatGPT está entrenado con una amplia base de datos que abarca conocimientos de entrenamiento, fisiología y rutinas de ejercicio. Esto le permite ofrecerte un plan que puede ayudarte a alcanzar tus objetivos, siempre y cuando le brindes la información adecuada. Al proporcionar un contexto útil y detallado sobre tus objetivos, nivel de experiencia y disponibilidad de equipos, podrás obtener una rutina más precisa. Además, especificar el tiempo que puedes dedicar ayudará a hacerla más efectiva.

A continuación, se exponen algunos de los datos importantes que deberías aportar para obtener la mejor rutina posible:

1. **Objetivo principal:** indica si buscas aumentar masa muscular, perder grasa, mejorar tu resistencia o un poco de todo.
2. **Nivel de experiencia:** menciona si eres principiante, intermedio o avanzado, para que el entrenamiento esté acorde con tu capacidad.
3. **Frecuencia de entrenamiento:** especifica cuántos días a la semana puedes dedicar al gimnasio y cuántos minutos por sesión.
4. **Disponibilidad de equipos:** describe el tipo de equipos con los que cuentas, ya sea que vayas a un gimnasio completamente equipado o entrenes en casa con pesas y bandas elásticas.
5. **Preferencias o restricciones:** si tienes alguna preferencia por determinados tipos de ejercicios (como ejercicios de peso libre versus máquinas) o limitaciones físicas que ChatGPT deba tener en cuenta.

Con estos datos, ChatGPT puede crear una rutina personalizada y adaptada a ti, dándote la estructura y los ejercicios necesarios para alcanzar tus metas.

`Prompt ejemplo` - Quiero una rutina de gimnasio personalizada. Mi objetivo principal es [por ejemplo, aumentar masa muscular], soy de nivel [principiante/intermedio/avanzado] y puedo entrenar [X días a la semana durante X minutos]. Cuento con [indica el equipo disponible: pesas, bandas, máquinas, etc.] y prefiero [especifica tus preferencias o menciona restricciones]. ¿Podrías crear una rutina que se adapte a estos datos y que incluya ejercicios para cada día con el número de series y repeticiones?

¿Por qué funciona este *prompt*?

- **Contexto claro y específico:** al incluir tu objetivo, nivel y equipo disponible, ChatGPT puede ajustar la rutina de acuerdo con tu situación.
- **Personalización:** tus preferencias y restricciones ayudan a que ChatGPT evite ejercicios que no te gusten o no puedas realizar, haciendo el plan más adecuado para ti.

- **Detalles prácticos:** incluir la duración de las sesiones y frecuencia semanal permite a ChatGPT diseñar un plan que realmente se ajusta a tu disponibilidad, maximizando los resultados.

3.3.4. Planificación de viajes

A la hora de planear un viaje, las opciones pueden ser casi infinitas y la información abrumadora. Desde elegir el destino ideal hasta encontrar las mejores actividades y restaurantes, la planificación puede volverse una tarea larga y tediosa. Ahí es donde entra ChatGPT. Al utilizar la vasta cantidad de datos de este modelo, puedes obtener un itinerario completo y adaptado a tus preferencias y presupuesto, sin tener que pasar horas buscando en diferentes sitios web. Solo necesitas proporcionar algunos detalles clave, y ChatGPT te devolverá un plan hecho a medida, para que disfrutes de un viaje perfecto.

A continuación, se exponen algunos de los datos importantes que deberías aportar para obtener la mejor planificación:

1. **Destino deseado o ideas generales:** especifica si ya tienes un lugar en mente o describe qué tipo de viaje buscas (aventura, playa, cultura, etc.).
2. **Duración del viaje:** menciona cuántos días estarás de viaje, para una mejor organización del tiempo.
3. **Presupuesto aproximado:** indica un rango de gasto para que ChatGPT sugiera opciones acordes.
4. **Intereses y actividades:** comenta si prefieres actividades al aire libre, visitas culturales, gastronomía local, vida nocturna, etc.
5. **Restricciones o preferencias:** si viajas con niños, quieres evitar multitudes o necesitas accesibilidad especial, inclúyelo para una planificación más precisa.

Prompt ejemplo - Estoy planeando un viaje a [destino o tipo de destino, si aún no lo tienes claro] y estaré allí durante [número de días]. Mi presupuesto aproximado es [rango de presupuesto], y me gustaría enfocarme en actividades como [por ejemplo, cultura, naturaleza, gastronomía]. Además, tengo algunas preferencias/restricciones como [especifica detalles adicionales]. ¿Podrías ayudarme a armar un itinerario diario que incluya actividades, sugerencias de restaurantes y lugares recomendados para visitar?

¿Por qué funciona este *prompt*?

- **Enfoque personalizado:** ChatGPT puede usar tus preferencias y restricciones para crear un plan que realmente se ajuste a lo que buscas.
- **Organización clara:** los detalles sobre duración y presupuesto permiten que las sugerencias sean realistas y prácticas, maximizando el tiempo y recursos durante el viaje.

Este *prompt* permite a ChatGPT diseñar un viaje completo que se adapta a tus deseos, sin que tengas que preocuparte por los detalles.

3.3.5. Descubre lugares, películas, series, etc.

Imagina que has encontrado una imagen de un lugar que te resulta fascinante, pero no tienes ni idea de dónde está. O, tal vez, has visto una escena de una película o serie que te intriga, pero no sabes cuál es. Aquí es donde ChatGPT demuestra su ingenio. Al subirle la imagen, ya sea de un paisaje, un edificio famoso o incluso un fotograma de una película, ChatGPT puede analizarla y decirte en qué parte del mundo se encuentra, cómo se llama ese lugar o de qué producción audiovisual podría tratarse. Es una herramienta sorprendente, en la que se combina la curiosidad con la tecnología, ayudándote a descubrir información que antes hubiera sido difícil de encontrar por tu cuenta. Este uso, además de práctico, resulta perfecto para explorar el mundo o redescubrir escenas icónicas del cine y la televisión.

A continuación, se presenta un ejemplo práctico de cómo se puede utilizar esta función para identificar lugares desconocidos de manera rápida y precisa.

¿Dónde puedo encontrar este puente?

Este es el Magere Brug, un puente famoso en Ámsterdam, Países Bajos. Es un puente levadizo de madera que cruza el río Amstel, conocido por su iluminación nocturna y su carácter histórico. ¡Es un lugar icónico que vale la pena visitar si estás en la ciudad!

Figura 5. Descubriendo el puente Magere Brug. Fuente: autoría propia.

Un uso aún más curioso que le he dado a esta función es jugar al famoso *GeoGuessr*. Puede que te suene: es un juego en el que te colocan en un punto aleatorio del mundo, como si estuvieras en Google Maps con acceso a Street View, y debes adivinar en qué lugar te encuentras basándote en lo que ves a tu alrededor. Dado que no soy especialmente bueno en este juego, decidí probar algo diferente. Tomé capturas de pantalla de mis ubicaciones en el juego y se las pasé a ChatGPT, dándole cuatro o cinco imágenes por ronda. El resultado fue sorprendente. ChatGPT no solo acertó en todos los países, sino que, incluso en lugares remotos o de naturaleza salvaje, logró inferir la ubicación analizando detalles como el tipo de árboles, el clima o pequeños elementos del entorno que pasan desapercibidos para la mayoría de nosotros. Gracias a su precisión, conseguí una de las puntuaciones más altas que se pueden obtener en *GeoGuessr*. Obviamente, el juego así pierde su gracia, pero fue un experimento interesante que permitió explorar el impresionante potencial de ChatGPT.

3.3.6. Ideas para actividades con niños

Cuando tienes niños a tu cargo, ya sea como padre, familiar o cuidador, mantenerlos entretenidos y estimulados puede ser un desafío. En lugar de recurrir siempre a las mismas actividades, puedes usar ChatGPT para encontrar ideas frescas y adaptadas a las edades y preferencias de los niños. Con solo proporcionar algunos detalles, obtendrás sugerencias creativas y variadas: desde actividades en casa hasta opciones al aire libre. ChatGPT es una herramienta increíblemente útil para mantener a los niños activos y felices, ayudándote a explorar nuevas opciones que tal vez no habrías considerado.

A continuación, se exponen algunos de los datos importantes que deberías aportar para obtener las mejores sugerencias de actividades:

1. **Edad de los niños:** especifica las edades, para asegurar que las actividades sean adecuadas y seguras.
2. **Intereses y preferencias:** comenta si les gusta la naturaleza, el arte, los juegos de mesa, los deportes, etc.
3. **Espacio disponible:** menciona si tienes un jardín, si será en casa o si buscas actividades para exteriores.
4. **Duración de la actividad:** indica cuánto tiempo tienes disponible para que ChatGPT sugiera actividades acordes.
5. **Recursos o materiales:** si tienes determinados materiales (como pintura, instrumentos musicales, juegos, etc.), inclúyelo para opciones más prácticas.

`Prompt ejemplo` - Estoy buscando ideas de actividades para hacer con niños de [edad o rango de edades], que sean [intereses, como creativas, deportivas, educativas, etc.]. Las actividades pueden durar alrededor de [indica tiempo disponible], y puedo hacerlas en [espacio disponible, como en casa, en el parque, o en un jardín]. Tengo materiales como [menciona materiales disponibles]. ¿Podrías sugerirme algunas actividades entretenidas y adecuadas para ellos?

¿Por qué funciona este *prompt*?

- **Contexto específico:** detallando edades y preferencias, ChatGPT puede ofrecer actividades seguras y que realmente interesen a los niños.
- **Adaptabilidad:** la información sobre espacio y materiales permite que ChatGPT sugiera opciones prácticas y fáciles de implementar en tu situación.

3.3.7. Recomendaciones de libros, películas o series

Ya sea para una noche de cine en casa, una nueva serie que seguir o un buen libro para sumergirse en su lectura, encontrar recomendaciones adecuadas puede tomar tiempo. ChatGPT hace que este proceso sea fácil y rápido, ofreciéndote opciones personalizadas según tus gustos y preferencias. Gracias a la cantidad de información con la que cuenta, ChatGPT puede sugerir títulos que se ajusten a lo que estás buscando, incluso en géneros o estilos que no habías considerado. Todo lo que necesitas hacer es proporcionar un poco de contexto, y tendrás una lista de recomendaciones a medida, listas para explorar y disfrutar.

A continuación, se exponen algunos datos importantes que deberías aportar para obtener las mejores recomendaciones:

1. **Preferencias de género:** menciona el tipo de género que prefieres, como drama, comedia, ciencia ficción, misterio, fantasía, etc.
2. **Estilo o tono deseado:** si buscas algo ligero, profundo, divertido o reflexivo, indica qué tipo de experiencia quieres.
3. **Duración o formato:** especifica si prefieres algo breve, como una película; algo más largo, como una serie, o una lectura que puedas disfrutar en varias sesiones.

4. **Ejemplos de títulos que te han gustado:** si tienes referencias de libros, películas o series que has disfrutado, compártelas para recomendaciones más alineadas con tus gustos.

5. **Disponibilidad o plataforma:** si prefieres opciones que estén en plataformas como Netflix o Amazon, inclúyelo, para que ChatGPT sugiera opciones accesibles.

Para obtener una selección ajustada a tus intereses, usa un *prompt,* donde se especifiquen tus preferencias y plataformas favoritas.

`Prompt ejemplo` - Estoy buscando recomendaciones de [libros, películas o series] que sean de género [género deseado, como thriller, comedia, fantasía, etc.], con un estilo [ligero, profundo, entretenido, etc.]. He disfrutado títulos como [menciona libros, películas o series previas que te han gustado]. Si puede ser, prefiero que estén disponibles en [plataforma o formato deseado, como Netflix, Amazon, audiolibro, etc.]. ¿Podrías sugerirme algunas opciones similares?

Con este *prompt,* recibirás una lista de sugerencias perfectamente ajustadas a tu estilo, asegurándote de encontrar tu próximo favorito sin esfuerzo.

3.3.8. Presupuestos y ahorro

Planificar un presupuesto mensual o anual puede parecer abrumador, pero, con ChatGPT, esta tarea se vuelve mucho más sencilla. Con esta herramienta, podrás crear un plan financiero adaptado a tus ingresos y objetivos de ahorro. Ya sea que desees ahorrar para unas vacaciones, reducir gastos o simplemente entender mejor en qué se va tu dinero, ChatGPT puede ofrecerte una estructura clara y práctica. Todo lo que necesitas es proporcionar un poco de contexto sobre tu situación financiera y tus metas, y te devolverá un plan de presupuesto realista y manejable, ideal para empezar a tomar control de tus finanzas.

Nota importante: aunque ChatGPT es una herramienta útil para estructurar presupuestos y sugerir ideas de ahorro, no constituye asesoramiento financiero profesional. Es fundamental que revises y comprendas completamente cualquier sugerencia antes de tomar decisiones, y consideres consultar a un asesor financiero calificado para temas importantes. ChatGPT puede ofrecerte una base inicial para explorar, pero, en última instancia, eres tú quien debe analizar y evaluar tus decisiones financieras.

A continuación, se exponen algunos datos importantes, que deberías aportar para obtener el mejor presupuesto y plan de ahorro:

1. **Ingresos mensuales:** proporciona tu ingreso promedio, para que ChatGPT calcule un plan ajustado a tu situación.
2. **Gastos fijos y variables:** menciona los gastos fijos (como alquiler, servicios, transporte, etc.) y gastos variables (entretenimiento o comidas fuera de casa).
3. **Metas de ahorro:** explica si deseas ahorrar para algo específico (unas vacaciones, una compra grande o un fondo de emergencia) y la cantidad que te gustaría alcanzar.
4. **Prioridades financieras:** indica si prefieres reducir gastos en determinadas áreas o si hay categorías en las que no deseas hacer recortes.
5. **Tiempo para lograr tus metas:** especifica el plazo en el que quieres cumplir tu objetivo de ahorro, para que el plan sea acorde con el tiempo disponible.

Prompt ejemplo - Quiero ayuda para crear un presupuesto mensual. Mis ingresos mensuales son de [cantidad], y tengo gastos fijos como [menciona los gastos fijos: alquiler, servicios, etc.], y gastos variables como [comidas fuera, entretenimiento, etc.]. Me gustaría ahorrar para [objetivo, como vacaciones o un fondo de emergencia] en un plazo de [tiempo disponible]. También quiero priorizar [áreas en las que prefieres no hacer

```
recortes].     ¿Podrías     ayudarme     a     estructurar     un
presupuesto   con   categorías   y   recomendaciones   para
maximizar mi ahorro?
```

Por qué funciona este *prompt:*

- **Contexto financiero detallado:** ChatGPT puede entender tus ingresos, gastos y metas, para generar un presupuesto que se ajuste a tu situación.
- **Objetivos claros:** incluir una meta de ahorro le permite a ChatGPT darte recomendaciones enfocadas en lo que quieres lograr, con plazos específicos.

Este enfoque te brinda un plan práctico y manejable, ayudándote a ahorrar de manera efectiva y a organizar tus finanzas para lograr tus metas a corto o largo plazo.

3.3.9. Aprendizaje de nuevos temas

En un mundo donde la información está a un clic de distancia, aprender algo nuevo puede ser increíblemente motivador y útil. Desde temas complejos como física cuántica o economía, hasta habilidades prácticas como fotografía o programación, ChatGPT es una herramienta útil para ayudarte a explorar y comprender casi cualquier tema. Sin embargo, es importante tener en cuenta que, aunque ChatGPT ha sido entrenado con una vasta base de datos, también puede cometer errores o presentar «alucinaciones» de datos incorrectos. Por ello, es fundamental usarlo como una guía inicial o complemento, y siempre contrastar la información con otras fuentes, especialmente para temas importantes.

A continuación, se exponen algunos datos que deberías aportar para aprender de forma efectiva:

1. **Tema específico y nivel de profundidad:** define qué tema quieres aprender y si buscas una introducción general, un nivel intermedio o una explicación avanzada.

2. **Estilo de aprendizaje preferido:** comenta si prefieres explicaciones breves y directas, ejemplos prácticos, resúmenes visuales o lecturas detalladas.

3. **Objetivo de aprendizaje:** explica por qué quieres aprender este tema (para un examen, por interés personal, para aplicarlo en un proyecto, etc.), ya que esto ayuda a ajustar el enfoque.

4. **Tiempo disponible:** indica cuánto tiempo puedes dedicar al aprendizaje para recibir sugerencias adecuadas a tu ritmo.

5. **Advertencias sobre la precisión:** solicita una recomendación de fuentes adicionales o pide que ChatGPT advierta sobre posibles limitaciones o errores, especialmente en temas complejos.

Para obtener una experiencia de aprendizaje adaptada y con precauciones, usa un *prompt* que incluya estos detalles.

Prompt ejemplo — Quiero aprender sobre [tema específico, como inteligencia artificial, filosofía, etc.] en un nivel [básico/intermedio/avanzado]. Mi objetivo es [explica por qué quieres aprender el tema: por interés personal, para un proyecto, etc.], y prefiero un estilo de aprendizaje que sea [breve y directo, con ejemplos, detallado, etc.]. Tengo aproximadamente [indica el tiempo disponible, como 1 hora al día]. Además, ¿podrías señalar las posibles limitaciones de la información o sugerir fuentes confiables adicionales para complementar el aprendizaje?

¿Por qué funciona este *prompt*?

- **Enfoque en el objetivo y nivel:** ChatGPT adapta la explicación según tu nivel de conocimiento y el propósito de tu aprendizaje, proporcionando una introducción adecuada.

- **Precauciones:** solicitar advertencias y fuentes adicionales es esencial para garantizar que la información sea precisa y que puedas profundizar de manera confiable.

3.3.10. Ideas para regalos

A la hora de hacer un regalo, muchas veces nos quedamos sin ideas. Ya sea un cumpleaños, aniversario o una ocasión especial, encontrar el regalo adecuado puede ser un desafío. Con ChatGPT, puedes obtener ideas personalizadas rápidamente, adaptadas a los intereses y gustos de la persona a quien quieres sorprender. Al proporcionar algunos detalles básicos, recibirás una lista de sugerencias creativas y adecuadas para la ocasión.

Algunos de los datos importantes que deberías aportar son:

1. **Intereses y aficiones de la persona:** menciona sus *hobbies* o gustos, como la lectura, los deportes, la tecnología, etc.
2. **Presupuesto aproximado:** indica cuánto planeas gastar para recibir ideas acordes.
3. **Ocasión o relación:** explica si el regalo es para un cumpleaños, aniversario o una celebración específica y tu relación con la persona (amigo, pareja, familiar, etc.).

Para obtener ideas rápidas y acertadas, puedes usar un *prompt* simple, como el mostrado a continuación.

```
Prompt ejemplo - Necesito ideas para un regalo para
[menciona la relación, como amigo o pareja] que le gusta
[describe intereses, como la música, el deporte o la
tecnología]. Mi presupuesto es de [indica presupuesto]
y la ocasión es [aniversario o cumpleaños]. ¿Podrías
sugerirme algunas opciones?
```

¿Por qué funciona este *prompt*?

- **Simplicidad:** este *prompt* es directo y proporciona la información básica que necesita ChatGPT para sugerir ideas relevantes.

- **Personalización rápida:** al incluir intereses, presupuesto y ocasión, recibirás opciones prácticas y alineadas con la situación.

Con este *prompt* sencillo, obtendrás una lista de regalos pensada para acertar en la elección, lo que reduce el tiempo en la búsqueda.

3.4. Fundamentos de la ingeniería de *prompts*

La ingeniería de *prompts* implica desarrollar y refinar la manera en que formulamos nuestras preguntas o comandos a un LLM. Este proceso ayuda a asegurar que el modelo comprenda lo que se le pide y responda del modo más efectivo posible. Se trata de una mezcla de arte y ciencia, ya que requiere un buen entendimiento, tanto del lenguaje humano como de la forma en que los modelos de IA procesan ese lenguaje. La idea es sencilla: cuanto más precisos y claros sean los *prompts* que introducimos, más efectivas y útiles serán las respuestas que obtenemos.

Con la ingeniería de *prompts,* no solo se trata de diseñar y desarrollar *prompts.* Abarca una amplia gama de habilidades y técnicas útiles para interactuar con los LLM. Es una habilidad importante para comprender las capacidades de los LLM.

En este capítulo, encontrarás varios ejemplos que muestran cómo la especificidad, simplicidad y concisión puede mejorar los resultados.

3.4.1. La instrucción

Puedes diseñar *prompts* eficaces para diversas tareas sencillas usando comandos específicos como «Escribe», «Clasifica», «Resume», «Traduce» u «Ordena», entre otros. Es crucial experimentar con diferentes instrucciones, palabras clave, contextos y tipos de datos para descubrir qué se adapta mejor a tus necesidades específicas.

Es importante que el contexto que proporciones sea relevante y específico para la tarea que desees realizar: cuanto más ajustado sea, mejores serán los resultados. Además, se aconseja colocar las instrucciones al principio del *prompt* y utilizar un separador claro como « », para diferenciar claramente entre la instrucción y el contexto. A continuación, tienes un ejemplo.

Prompt - Traduce el texto a continuación al español:

Texto: "Hello!"

ChatGPT - ¡Hola!

3.4.2. Especificidad

Para que el modelo realice la tarea de manera precisa, es esencial ser específico y descriptivo en el *prompt*. Cuanto más detallado y claro sea el *prompt,* mejor será el resultado. Esto es crucial cuando buscas un resultado específico o un estilo particular de generación. No hay palabras mágicas para asegurar mejores resultados; lo esencial es la claridad y el detalle del *prompt*. Incluir ejemplos dentro de este puede ser muy eficaz para obtener respuestas en formatos deseados.

Al diseñar *prompts,* también debes tener en cuenta la longitud permitida. Ser específico y detallado resulta clave, pero es importante evitar incluir detalles innecesarios, que no contribuyan directamente a la tarea. Este equilibrio requiere experimentación y ajustes continuos. Experimenta con diferentes enfoques, para optimizar los *prompts* según tus necesidades. Veamos un ejemplo de cómo formular un *prompt* simple para extraer información específica de un texto.

Prompt - Identifica los nombres de ciudades en el texto proporcionado.

Formato deseado: <lista separada por comas de nombres de ciudades>

"Durante su gira por Europa, la experta en sostenibilidad Clara Rodríguez visitó varias ciudades destacadas. Presentó datos impactantes sobre el cambio climático en Madrid, luego en París y finalmente en Berlín, en la Universidad Humboldt."

ChatGPT - Ciudad: Madrid, París, Berlín.

3.4.3. Evitar la imprecisión

Evitar la imprecisión es fundamental cuando se busca eficacia en los *prompts*. Al intentar ser excesivamente creativos o ingeniosos, es fácil desviarse y crear descripciones no claras o precisas. La analogía aquí es muy simiar a la comunicación efectiva: cuanto más directa sea, más efectivo será el mensaje.

Por ejemplo, podrías estar interesado en aprender el concepto de ingeniería de *prompts*. Podrías intentar algo como:

Prompt - Explica el concepto de ingeniería de promoción. Mantén la explicación corta, solo unas pocas frases.

No está claro en la instrucción anterior cuántas oraciones utilizar y qué estilo. Es posible que puedas obtener respuestas aceptables con el *prompt* anterior, pero un *prompt* que sea muy específico, conciso y directo sería mejor; por ejemplo:

Prompt - Usa 2-3 oraciones para explicar el concepto de ingeniería de prompts a un estudiante de secundaria.

3.4.4. Lenguaje y vocabulario

Al interactuar eficazmente con un LLM como ChatGPT, es crucial entender el estilo de lenguaje que se debe emplear. A continuación, desglosaremos de manera sencilla algunos principios básicos para mantener un lenguaje y vocabulario adecuados:

1. **Uso de frases específicas:** incorporar frases específicas en tus *prompts* puede guiar al modelo de manera más efectiva. Frases como «Tu tarea es» y «Debes» clarifican las expectativas y aseguran que el modelo comprenda la importancia de las instrucciones. De forma similar, frases como «Serás penalizado» o «Tienes prohibido» son más útiles que las

formulaciones negativas como «No hagas tal cosa». Este enfoque afirmativo ayuda a establecer límites claros y directrices precisas, que el modelo puede seguir más fácilmente, lo que asegura que las respuestas se alineen más estrechamente con las expectativas; por ejemplo, en lugar de decir «No uses lenguaje informal», es más constructivo y claro indicar «Debes usar un lenguaje formal». Esta metodología asegura que las instrucciones sean interpretadas sin ambigüedades.

2. **Ser directo:** no es necesario usar un lenguaje cortés como «por favor» o «gracias» cuando se interactúa con un LLM. Estos modelos están diseñados para responder de manera eficiente, sin necesidad de formalidades, por lo que es mejor ir directo al punto. Esto ayuda a mantener el *prompt* claro y sin ambigüedades.

3. **Repetición de palabras o frases:** repetir una palabra o frase específica dentro de un *prompt* puede ser útil para enfatizar un concepto o instrucción particular. Esto asegura que el modelo no pase por alto aspectos cruciales de la tarea que necesita ejecutar.

4. **Incluir incentivos monetarios en los *prompts:*** aunque pueda parecer inusual, mencionar incentivos como «Te voy a dar una propina de xx € por una mejor solución» en tus *prompts* puede ser una estrategia para motivar la generación de respuestas más elaboradas.

Al seguir estos principios, puedes mejorar significativamente la calidad y precisión de las interacciones con ChatGPT o cualquier otro LLM, lo que facilita una comunicación más efectiva y resultados más confiables.

3.4.5. Ampliando los fundamentos de la ingeniería de *prompts*

Hasta ahora, hemos cubierto los principios fundamentales de la ingeniería de *prompts,* ofreciendo una base sólida para entender cómo estructurar interacciones efectivas con los LLM. Sin embargo, para aquellos que deseen profundizar aún más en este tema, existe un recurso particularmente valioso que complementa esta sección con una visión más avanzada y detallada.

En el artículo titulado «Principled Instructions Are All You Need for Questioning LLaMA-1/2, GPT-3.5/4», se presentan 26 principios clave diseñados para optimizar la formulación de *prompts* y maximizar la calidad de las respuestas de los LLM. En este trabajo, donde se evalúan modelos como LLaMA y GPT-4, se ofrece una guía práctica para refinar el diseño de instrucciones mediante un enfoque estructurado y basado en experimentos. Algunos de los puntos destacados incluyen:

- **Estructura y claridad en los *prompts*:** la importancia de ser conciso y específico, para evitar ambigüedades en las respuestas.
- **Adaptación al público objetivo:** incorporar detalles sobre el nivel de conocimiento o necesidades del usuario final dentro del *prompt*.
- **Tareas complejas:** la descomposición de problemas en pasos más simples, para mejorar la comprensión del modelo.
- **Estrategias avanzadas:** como el uso de ejemplos específicos y frases afirmativas, que guíen al modelo hacia respuestas precisas y alineadas con los objetivos del usuario.

Además, el artículo proporciona un análisis empírico, que demuestra cómo estos principios pueden mejorar significativamente la calidad y precisión de las respuestas generadas, especialmente en modelos más avanzados, como GPT-4.

Para los interesados en explorar estas estrategias de manera más profunda, incluimos a continuación un código QR, que enlaza directamente al artículo completo. Al escanearlo, podrás acceder al documento original.

3.5. Seis estrategias para obtener mejores resultados

Ahora que tenemos una comprensión básica de la ingeniería de *prompts,* es hora de elevar nuestras habilidades al siguiente nivel. Vamos a explorar seis estrategias efectivas para conseguir mejores resultados, al interactuar con ChatGPT. Estas técnicas nos permitirán afinar nuestras preguntas, para maximizar la relevancia de las respuestas obtenidas. Al aplicar estas estrategias, podremos aprovechar al máximo las capacidades de cualquier LLM, asegurando interacciones más eficientes y resultados más útiles en nuestros proyectos o consultas diarias.

3.5.1. Estrategia 1: escribir instrucciones claras

Táctica 1: consiste en incluir detalles en tu consulta, para obtener respuestas más relevantes.

Para obtener una respuesta relevante, asegúrate de que las solicitudes proporcionen cualquier detalle o contexto importante. De lo contrario, estás dejando que el modelo adivine lo que quieres decir.

Peor	Mejor
¿Cómo sumo números en Excel?	¿Cómo sumo una fila de montos en dólares en Excel? Quiero hacer esto automáticamente para toda una hoja de filas con todos los totales, de modo que al final aparezca en una columna llamada «Total»
¿Quién es el presidente?	¿Quién fue el presidente de México en 2021 y cada cuánto se celebran las elecciones?

Táctica 2: radica en el uso de delimitadores, para indicar claramente partes distintas del *prompt.*

Delimitadores como comillas triples, etiquetas XML, títulos de sección, etc., pueden ayudar a demarcar secciones de texto, para ser tratadas de manera diferente

Prompt - Resume el texto delimitado por comillas triples.

```
"""insertar texto aquí"""
```

Prompt - Se te proporcionará un par de artículos (delimitados con etiquetas XML) sobre el mismo tema. Primero resume los argumentos de cada artículo. Luego indica cuál de ellos hace un mejor argumento y explica por qué.

```
<articulo> insertar primer artículo aquí </articulo >

<articulo> insertar segundo artículo aquí </articulo >
```

Para tareas sencillas como estas, usar delimitadores puede que no repercuta en una diferencia en la calidad de la salida. Sin embargo, cuanto más compleja es una tarea, más importante es delimitar las diferentes secciones o partes de la tarea.

Táctica 3: se especifican los pasos necesarios para completar una tarea.

Cuando nos enfrentamos a tareas extensas, estas se gestionan mejor como una secuencia de pasos. Escribir los pasos explícitamente puede facilitar que el modelo los siga.

Prompt - Paso 1 - El usuario te proporcionará un texto entre comillas triples. Resume este texto en una frase con un prefijo que diga "Resumen: ".

Paso 2 - Traduce el resumen del paso 1 al español, con un prefijo que diga "Traducción: ".

Táctica 4: reside en proporcionar ejemplos.

Esta táctica de proporcionar ejemplos, también denominada *few-shot prompting,* implica entrenar o ajustar modelos de lenguaje utilizando solo unos pocos ejemplos de entrada en nuestro *prompt,* para enseñar una tarea específica. Esto es similar a cómo los humanos aprenden más eficazmente: podemos entender conceptos solo con explicaciones, pero los ejemplos concretos a menudo mejoran nuestra comprensión. Al proporcionar ejemplos específicos, el modelo aprende a realizar tareas similares con mayor eficacia, imitando el proceso de aprendizaje humano, que se beneficia enormemente de ejemplos prácticos y aplicaciones reales.

Prompt - Gran producto, 10/10: positivo

No funcionó muy bien: negativo

Super útil, vale la pena: positivo

No funciona:

ChatGPT - Negativo

La forma en que estructuramos los ejemplos es muy importante. Dado que hemos organizado estas tres instancias en un formato de |entrada: clasificación|, el modelo genera una sola palabra a continuación de la línea final, en lugar de emitir una frase completa como «esta reseña es negativa».

3.5.2. Estrategia 2: proporcionar un texto de referencia

Táctica 1: se indica al modelo que responda utilizando un texto de referencia.

Si podemos proporcionar al modelo información de confianza que sea relevante para la consulta actual, entonces podemos solicitar al modelo que utilice la información proporcionada para redactar su respuesta.

Prompt - Utiliza los artículos proporcionados delimitados por comillas triples para responder a las preguntas. Si la respuesta no se encuentra en los artículos, escriba "No he podido encontrar una respuesta".

`<insertar artículos, cada uno delimitado por comillas>`

Dado que todos los modelos tienen ventanas de contexto limitadas, debemos ser cautos con la longitud de los textos proporcionados.

Táctica 2: se pedirá al modelo que responda con citas de un texto de referencia.

`Prompt` - Se te proporcionará un documento delimitado por comillas triples y una pregunta. Tu tarea consiste en responder a la pregunta utilizando únicamente el documento proporcionado y citar el pasaje o pasajes del documento utilizados para responder a la pregunta. Si el documento no contiene la información necesaria para responder a la pregunta, escribe simplemente: "Información insuficiente". Si se proporciona una respuesta a la pregunta, debe anotarse con una cita. Utiliza el siguiente formato para citar los pasajes pertinentes ({"cita": ...}).

3.5.3. Estrategia 3: asignar roles

Cuando asignamos un rol específico a un LLM, esto permite al modelo adaptar su enfoque y lenguaje a las necesidades del usuario, mejorando significativamente la experiencia.

1. **Definición de roles:** al igual que en un escenario donde matemáticos, ingenieros y físicos abordan un problema desde diferentes perspectivas, asignar a ChatGPT un rol definido permite que adapte sus respuestas de manera más adecuada. Esto hace que las respuestas obtenidas sean más relevantes, pues el modelo tiene un mayor contexto de la conversación.

2. **Especialización:** la asignación de roles permite que ChatGPT utilice sus «submodelos› o «expertos», cada uno afinado para tipos específicos de tareas o consultas. Se especula que los modelos GPT son lo que conocemos como *mixture of experts* (MoE). Esto significa que GPT no es

un único modelo, sino varios submodelos más pequeños, que trabajan de forma coordinada. Al establecer un rol, ayudamos a que solo los expertos necesarios se activen para una consulta dada, optimizando los recursos computacionales que son requeridos para el funcionamiento de estos modelos.

3. **Eficiencia en respuestas:** con roles claros, ChatGPT puede ofrecer consejos y respuestas más especializados; por ejemplo, si se le asigna el rol de un educador en Física, el modelo ajustará su lenguaje y método de explicación para adaptarse mejor a ese campo específico, de modo que resulte en una mejor respuesta para el usuario.

La manera efectiva de asignar un rol a ChatGPT es, simplemente, incluir en nuestra instrucción el rol deseado al principio de la conversación. Esto se puede hacer utilizando frases como «actúa como» o «ponte en el papel de»; por ejemplo, si deseas que ChatGPT asuma el rol de un entrenador deportivo, podrías empezar tu consulta con «Actúa como un entrenador deportivo y explícame cómo mejorar mi resistencia al correr».

3.5.4. Estrategia 4: árbol de pensamiento

El árbol de pensamiento es una técnica para organizar y simplificar decisiones complejas, descomponiéndolas en una serie de opciones más manejables. Esta estrategia la podemos visualizar como un árbol que se ramifica en diferentes direcciones; esto ayuda a considerar todas las posibles alternativas y a elegir la más adecuada en cada paso del proceso.

Supongamos que quieres comer algo, pero no estás seguro de qué. Primero, piensas en los tipos de comida que te gustan: ¿italiana, china, india? Si decides que quieres italiana, este es el primer camino que eliges en tu mapa.

Luego, dentro de la comida italiana, tienes varias opciones: ¿pizzas, pastas, helados, etc.? Si te apetece *pizza,* sigues el camino hacia las pizzerías.

Finalmente, en la pizzería, decides entre diferentes tipos de *pizza:* ¿margarita, napolitana, con atún...? Al final, eliges una *pizza* con atún.

Este proceso muestra cómo, paso a paso, reduces tus opciones, hasta tomar una decisión final muy específica. Comenzaste con una idea muy general («Quiero comer fuera») y terminaste eligiendo un plato específico en un tipo de restaurante.

En el mundo de la IA, los LLM están diseñados para ayudar en este tipo de procesos creativos. Aunque a veces les pedimos que «decidan» cuál es la mejor solución o que tomen decisiones por nosotros, realmente no están diseñados para esto. Su fortaleza yace en su capacidad de generar contenido creativo y variado, ofreciendo múltiples opciones para que nosotros, con nuestro criterio humano, tomemos la decisión final. Esto los convierte en herramientas ideales para explorar posibilidades y enriquecer nuestro proceso de toma de decisiones.

3.5.5. Estrategia 5: dividir tareas complejas en subtareas

Táctica 1: consiste en resumir o filtrar diálogos anteriores.

Para manejar conversaciones largas, es crucial comprender la capacidad limitada de los modelos de lenguaje para procesar texto. Esto se refiere a la ventana de contexto. Eventualmente, se alcanzará un límite que impedirá añadir más texto sin perder el anterior.

Una estrategia eficaz para manejar este problema es resumir o filtrar los diálogos anteriores. A medida que la conversación se acerca al límite, se puede condensar la información de los diálogos previos en un resumen más corto. Este resumen mantiene los puntos clave de la conversación y permite que el diálogo continúe sin perder el contexto relevante. Esta técnica permite que las conversaciones largas puedan continuar de manera fluida, sin comprometer el entendimiento del contexto por parte del modelo.

Táctica 2: radica en resumir documentos largos por partes y construir un resumen completo recursivamente.

Dado que los modelos tienen una longitud de contexto fija, no pueden usarse para resumir un texto más largo que la longitud del contexto menos la longitud del resumen generado en una sola consulta.

Para resumir un documento muy largo, como un libro, podemos usar una secuencia de consultas para resumir cada sección del documento. Los resúmenes de las secciones pueden concatenarse para formar un único resumen. Este proceso puede proceder recursivamente, hasta que se resuma un documento completo.

Si es necesario usar información sobre secciones anteriores para entender las secciones posteriores, un truco adicional es incluir un resumen del texto que precede a cualquier punto dado en el libro.

3.5.6. Estrategia 6: dar tiempo a los modelos para «pensar»

Táctica 1: se instruye al modelo para que elabore su propia solución, antes de precipitarse a una conclusión.

Un método efectivo que solíamos aplicar con modelos anteriores era pedirles que razonaran paso a paso, desarrollando su solución de manera lógica, antes de llegar a una respuesta final. Este enfoque deviene especialmente útil en tareas que requieren razonamiento matemático o científico. En lugar de, simplemente, responder de inmediato, la idea es que el modelo reflexione y compruebe cada paso antes de concluir. Este tipo de *prompting* ha sido clave para mejorar la precisión en las respuestas, especialmente en problemas complejos.

Ahora, con la introducción del modelo OpenAI o1, este proceso ha sido incorporado directamente en el diseño del modelo. OpenAI o1 está entrenado para pensar de forma estructurada, verificando sus propios pasos y evaluando la validez de su razonamiento antes de ofrecer una respuesta. Esto lo convierte en una herramienta destacada en áreas como matemáticas y ciencias, donde el pensamiento lógico y la precisión son esenciales. Mientras que antes podíamos guiar a ChatGPT para que siguiera este proceso, OpenAI o1 lo hace de forma natural, marcando el comienzo de una nueva era, en la que los modelos de IA no solo responden, sino que también «piensan» de una forma mucho más avanzada y controlada.

Este avance nos recuerda la importancia de seguir optimizando nuestras estrategias de *prompting* ya que, aunque OpenAI o1 lo hace de manera más eficiente, es solo el primer paso hacia modelos aún más sofisticados en el futuro. La evolución continua de esta capacidad nos permitirá, en definitiva, trabajar con IA de una manera cada vez más precisa y confiable.

Veamos un ejemplo de dicha táctica. En este caso, pretendemos evaluar la solución a un problema matemático donde, en lugar de preguntar directamente si la solución es correcta, sería más útil pedir al modelo que explique paso a paso por qué considera que la respuesta es correcta o no. Este enfoque fomenta un análisis más detallado y puede llevar a respuestas más precisas y fundamentadas.

Prompt - ¿Cuánto es 923 * 99?

ChatGPT - 923 * 99 es igual a 91.677

Respuesta incorrecta (la respuesta correcta es 91.377). Podemos modificar nuestro mensaje y decirle que piense paso a paso. Queda demostrado que, con instrucciones adicionales, ChatGPT puede resolver el problema. Esto funciona porque ChatGPT escribe todo su trabajo y, por lo tanto, la probabilidad de fallo se reduce.

Prompt - ¿Cuánto es 923 * 99? Vamos paso a paso. Siempre escribe la cantidad completa de 0s para cada término.

ChatGPT - Para multiplicar 923 por 99, podemos descomponerlo en pasos más pequeños:

Paso 1: multiplicar el primer término por 9:

923 * 9 = 8.307

```
Paso 2: Multiplicar el primer término por 90 (agregando
un 0):
923 * 90 = 83.070
Paso 3: Sumar los resultados del paso 1 y del paso 2:
8.307 + 83.070 = 91.377
Por lo tanto, 923 multiplicado por 99 es igual a 91.377.
```

Táctica 2: se pregunta al modelo si se ha perdido algo en pasadas anteriores.

Una táctica útil al usar modelos de lenguaje es preguntarles si han pasado por alto algo en respuestas anteriores. Imagina que estás utilizando un LLM para obtener extractos de un documento ante una pregunta específica. Después de listar cada extracto, el modelo tiene que decidir si debe continuar escribiendo otro o si debe detenerse. Si el documento es extenso, es común que el modelo se detenga prematuramente sin listar todos los extractos relevantes. En estos casos, a menudo se puede obtener un mejor rendimiento haciendo preguntas de seguimiento, para descubrir cualquier extracto que el modelo haya pasado por alto inicialmente.

Supongamos que tienes un documento sobre la historia de la ciencia y quieres saber sobre los descubrimientos clave en biología. Tras la primera pasada del modelo, podría preguntarse:

```
Prompt   -   ¿Hay   más   extractos   relevantes   sobre
descubrimientos  importantes  en  biología  que  no  hayan
sido  mencionados?  Asegúrate  de  que  los  extractos
contengan  todo  el  contexto  relevante  necesario  para
interpretarlos.
```

3.6. ChatGPT con Canvas

Canvas es una nueva interfaz que va más allá del chat tradicional, permitiéndote trabajar codo con codo con ChatGPT en proyectos de escritura y código. Se trata de una ventana separada que ChatGPT abrirá automáticamente, cuando detecte que podría mejorar tu flujo de trabajo o, simplemente, incluye «usar Canvas» en tu mensaje.

Canvas facilita la colaboración en tiempo real, creando y refinando ideas de manera visual e interactiva. En la versión actual beta de Canvas, se utiliza el modelo GPT-4 Turbo, y puede seleccionarse manualmente en el menú de modelos. Actualmente, está disponible solo para usuarios de ChatGPT Plus y Team a nivel global. Aunque pronto se espera que esté disponible para todos los usuarios de ChatGPT cuando la beta concluya.

Cada día, las personas recurren a ChatGPT para tareas de redacción y programación. Sin embargo, aunque la interfaz de chat es intuitiva, puede quedarse corta en proyectos que requieren ediciones o revisiones extensas. Canvas responde a esta necesidad ofreciendo una experiencia que permite visualizar, modificar y controlar tu trabajo con mayor precisión.

Con Canvas, ChatGPT tiene una comprensión más detallada del contexto de tu proyecto. Puedes resaltar secciones específicas para que ChatGPT se enfoque en ellas, al estilo de un editor de textos o un revisor de código, proporcionando comentarios y sugerencias en tiempo real.

Canvas te ofrece el control completo de tus proyectos. Puedes editar el texto o código directamente, acceder a un menú de atajos (menú desplegable que se encuentra en la parte inferior derecha) para ajustar la longitud, depurar código y realizar otras acciones útiles rápidamente. Además, si deseas regresar a una versión anterior, solo tienes que usar el botón de retroceso de Canvas.

3.6.1. Atajos para redacción en Canvas

Estas acciones rápidas son básicamente *prompts* ocultos bajo botones, lo que facilita y agiliza increíblemente el trabajo:

*   **Sugerir ediciones:** ChatGPT proporciona sugerencias en línea y comentarios detallados.
*   **Ajustar la longitud:** se modifica la extensión de tu documento, haciéndolo más breve o detallado.
*   **Cambiar el nivel de lectura:** se adapta el texto desde un nivel básico hasta un nivel académico avanzado.
*   **Agregar pulido final:** se mejora la gramática, la claridad y la consistencia de tus textos.
*   **Añadir emojis:** se integran emojis relevantes, para dar color y énfasis.

3.6.2. Canvas para programación

La programación requiere un proceso de revisiones constantes, y Canvas facilita el seguimiento de tales cambios. Gracias a sus herramientas, se garantiza una mayor transparencia y comprensión en cada actualización. A continuación, se muestran algunos atajos para programación:

*   **Revisar código:** se reciben sugerencias para optimizar y mejorar tu código.
*   **Agregar registros:** se insertan declaraciones de impresión para depuración.

- **Agregar comentarios:** se facilita la lectura del código añadiendo explicaciones claras.
- **Corregir errores:** se identifican y solucionan problemas automáticamente.
- **Convertir a otro lenguaje:** se traduce el código a lenguajes como JavaScript, TypeScript, Python, Java, C++ o PHP.

CAPÍTULO 4
Aumenta tu productividad

4.1. Introducción al capítulo

A lo largo de este capítulo, exploraremos diversos ejemplos de casos de uso que demuestran cómo ChatGPT puede transformar la manera en que trabajamos y nos comunicamos. Veremos aplicaciones prácticas en el ámbito profesional, como la preparación de currículos y cartas de presentación, e incluso la simulación de entrevistas de trabajo, de modo que se simplifiquen los procesos relacionados con la búsqueda de empleo.

En el campo de la programación, descubriremos cómo esta herramienta puede facilitar el aprendizaje de nuevos lenguajes, ofrecer explicaciones claras sobre código e incluso apoyar en la creación de páginas web, convirtiéndose en un aliado valioso para desarrolladores de todos los niveles.

También analizaremos su impacto en el ámbito educativo, explorando formas de integrar ChatGPT en el proceso de enseñanza-aprendizaje. Desde facilitar la búsqueda y gestión de referencias, hasta brindar apoyo en la organización de ideas, esta tecnología puede enriquecer significativamente la experiencia tanto de estudiantes como de docentes.

Estamos ante una herramienta verdaderamente revolucionaria, capaz de comprender y generar texto con un nivel sorprendente de naturalidad. En las próximas páginas, veremos ejemplos concretos en los que se destaca su potencial para elevar nuestra productividad y creatividad a niveles sin precedentes, impactando de manera positiva sobre diversos aspectos de nuestra vida diaria.

4.2. Uso de ChatGPT en la comunicación

ChatGPT se ha convertido en una herramienta indispensable en el ámbito de la comunicación, al funcionar como un asistente eficaz para la creación y gestión de textos. Gracias a su capacidad para generar respuestas contextualmente relevantes, los usuarios pueden optimizar su tiempo y elevar la calidad de sus escritos de manera significativa.

Sin embargo, como toda tecnología, su uso requiere un manejo informado. Es fundamental tener presente que ChatGPT puede cometer errores o «alucinaciones», presentando datos incorrectos con la apariencia de hechos verídicos. Por ello, se recomienda revisar siempre los contenidos generados, para garantizar su precisión y confiabilidad.

Cuando se utiliza correctamente, ChatGPT no solo agiliza el proceso de escritura, sino que también enriquece el contenido, potenciando la creatividad y eficiencia del usuario. Esto es especialmente valioso si se combina con una supervisión crítica e informada, lo que asegura que los resultados sean no solo rápidos, sino también confiables y de alta calidad.

4.2.1. Escribir correos electrónicos

En ocasiones, redactar un correo electrónico puede convertirse en un desafío, ya que debemos encontrar el tono adecuado y utilizar las expresiones correctas para transmitir nuestra intención de manera clara. Una buena comunicación escrita es clave para que el destinatario comprenda nuestra información de forma eficiente.

Aquí es donde ChatGPT se convierte en un gran aliado. Esta herramienta puede ayudarnos a redactar una amplia variedad de correos electrónicos: desde propuestas de negocios y estrategias de ventas hasta encuestas y más. Su versatilidad le permite desarrollar cualquier tipo de *e-mail,* siempre que le proporcionemos instrucciones claras y específicas.

Para ilustrar su potencial, a continuación, presentaremos un ejemplo práctico donde se demuestra cómo ChatGPT puede facilitar y optimizar la redacción de correos electrónicos, ayudándonos a ahorrar tiempo y mejorar nuestra comunicación.

Prompt - Actúa como un experimentado asistente de comunicación empresarial y redacta un correo electrónico formal a un cliente sobre un retraso en la entrega de un proyecto. Las razones del retraso han sido: [Indicar razones]. Debes explicar estas, ofrecer una nueva fecha de entrega y reafirmar el compromiso con la calidad del servicio. Incluye detalles claros y concisos sobre el retraso, medidas preventivas para futuros problemas y una disculpa.

El uso de ChatGPT para la redacción de correos electrónicos puede ser un gran impulso para tu productividad, ya que te permite centrar tu esfuerzo y concentración en otras tareas más importantes. Sin embargo, es importante recordar que el control siempre debe estar en tus manos.

Personalmente, prefiero no delegar por completo la redacción de mis correos electrónicos a un modelo de lenguaje. En su lugar, utilizo ChatGPT como una herramienta de apoyo: redacto un borrador inicial y, luego, lo paso por ChatGPT, para que lo revise y mejore. De esta manera, logro elevar la calidad del texto de forma rápida y sencilla, sin perder mi estilo personal.

Si quieres probar este enfoque, a continuación, te comparto el *prompt* que utilizo.

Prompt - Corrige los errores gramaticales en los mensajes proporcionados por el usuario. Lee cuidadosamente el mensaje, identifica cualquier problema gramatical y ofrece una versión corregida. Mantén el significado y el estilo original del mensaje. Indica si el mensaje es gramaticalmente correcto; si no, señala las partes modificadas. Las respuestas deben ser directas, concisas y enfocadas exclusivamente en la corrección gramatical. Usa un tono profesional y servicial, para garantizar la claridad de las correcciones.

4.2.2. Publicaciones en redes sociales

ChatGPT puede ayudarnos en la generación de ideas y la creación de publicaciones en redes sociales. Su versatilidad permite adaptarse a diferentes contextos y situaciones, ajustando el contenido según el público objetivo y la red social a la que nos dirigimos.

Por ejemplo, el estilo y tono de una publicación en X (Twitter) será muy diferente del requerido para Facebook o LinkedIn. Esta capacidad de adaptación hace de ChatGPT una herramienta especialmente útil para optimizar nuestra estrategia de comunicación en plataformas digitales.

Es importante tener en cuenta que, para obtener los mejores resultados, debemos proporcionar a ChatGPT la mayor cantidad posible de información y contexto, de manera equilibrada. Cuanto más claro sea nuestro objetivo y más detalles incluyamos sobre nuestra audiencia o red social, más efectiva y precisa será la propuesta generada por la herramienta.

Prompt - Actúa como un experto en comunicaciones con amplia experiencia en tecnología. Redacta un post conciso para LinkedIn sobre mi participación en el

Mobile World Congress (MWC) de 2024 en Barcelona. Trata sobre los siguientes temas o menciona los aprendizajes más importantes que obtuve del evento: [inserta aquí tus aprendizajes]. Asegúrate de conectar estos puntos con la relevancia del evento y su impacto potencial en la industria, finalizando con una invitación a mis contactos para explorar estas ideas.

4.2.3. Escribir artículos de blog

De forma similar a como lo hemos hecho antes, vamos a ver un ejemplo de cómo formular un buen *prompt* para pedir ideas de títulos para nuestro blog. A partir de las sugerencias que nos brinde ChatGPT, seleccionaremos el título que más nos guste para trabajar sobre él de manera más detallada.

Prompt – Actúa como un bloguero de viajes experimentado con más de una década explorando el mundo, especializado en descubrir destinos ocultos y proporcionar guías de viaje detalladas. Tu objetivo es generar tres títulos cautivadores y optimizados para SEO para tu blog, que atraigan a lectores interesados en experiencias de viaje únicas y perspicaces. Considera a tu audiencia de viajeros aventureros, usa verbos de acción y adjetivos descriptivos para dinamizar los títulos e incluye palabras clave para mejorar la visibilidad en buscadores. Asegúrate de que los títulos reflejen con precisión el contenido de los posts.

Respira hondo y trabaja en este problema paso a paso.

4.2.4. Optimización de motores de búsqueda (SEO)

Continuemos con el ejemplo de nuestro blog, mostrado en el anterior apartado. Imaginemos que el borrador ya está listo para publicarse en el blog. Veamos cómo ChatGPT nos puede ayudar a optimizar el contenido que acabamos de crear para ganar relevancia en los motores de búsqueda, utilizando estrategias como la optimización de palabras clave y la creación de metadescripciones efectivas.

Prompt - Actúa como un experto en SEO con amplia experiencia en marketing digital. Basándote en el artículo que hemos redactado anteriormente, proporciona una lista de etiquetas clave para mejorar la visibilidad del artículo en búsquedas relacionadas con viajes, destinos exóticos y turismo aventura. Además, redacta una descripción meta concisa y atractiva, donde se resuman los puntos clave del artículo y anime a los lectores a explorar estos destinos menos conocidos. Asegúrate de que tanto la descripción meta como las etiquetas reflejen fielmente el contenido del artículo y resalten su valor único para atraer a los lectores interesados en viajes únicos.

4.2.5. Escribir títulos o descripciones

Ahora, una vez que tenemos el artículo para nuestro blog de viajes, detallado y con el contenido optimizado, le pediremos a ChatGPT que nos genere un título ya que, al contar con el artículo, dispone del contexto adecuado para crear contenido de calidad. A continuación, presentamos un ejemplo de instrucción para generar un título atractivo para nuestro artículo.

Prompt - Actúa como un experto de marketing con una extensa trayectoria en la creación de contenido digital. Basándote en el contenido del post de blog sobre destinos ocultos y guías de viaje que hemos preparado, desarrolla un título que sea atractivo, curioso y provocador. Este título debe captar la atención de los lectores potenciales, invitándolos a descubrir lugares menos conocidos a través de nuestras guías detalladas. Asegúrate de que el título sea ingenioso y refleje el enfoque único del artículo, potenciando el interés y la curiosidad de los posibles lectores.

Mediante las palabras «atractivo, curioso y provocador», logramos obtener un título que despierte la curiosidad de la audiencia, aumentando la probabilidad de que se fijen y entren en nuestro post.

4.3. Progresar profesionalmente con ChatGPT

Prácticamente, cualquier empresa y trabajador puede aprovechar esta tecnología, debido a su gran potencial para incrementar la productividad en una amplia variedad de entornos de trabajo. Desde la redacción de correos electrónicos hasta la creación de campañas publicitarias, ChatGPT se está utilizando para optimizar una serie de tareas. Esto incluye la lluvia de ideas para contenidos, la revisión y redacción de documentación, la verificación de código, la automatización del servicio al cliente y el análisis de perfiles laborales. Por ello, es importante mantenerse al día con estas tendencias y comenzar a aprovechar una herramienta tan potente como esta.

En los siguientes apartados, veremos cómo ChatGPT puede ayudarte a potenciar tu carrera profesional mediante la redacción de cartas de presentación, correos de búsqueda de empleo y mejora de tu currículo o perfil de LinkedIn, entre otros. Aplicar esta tecnología en tu puesto de trabajo dependerá de tus necesidades. Aquí te daremos consejos e ideas de uso para que, a partir de ellas, lo apliques de la mejor manera posible. Al finalizar, tendrás el conocimiento y las habilidades necesarios para usar esta IA en beneficio de tu carrera profesional.

4.3.1. Correos electrónicos de búsqueda de empleo

Escribir un correo electrónico para buscar empleo puede ser un desafío, ya que es fundamental causar una buena e impactante impresión en los reclutadores. El correo debe ser claro y conciso, y deben destacarse tus habilidades y entusiasmo por el puesto, demostrando cómo podrías beneficiar a la empresa.

ChatGPT puede ser de gran ayuda al redactar correos electrónicos relacionados con ofertas de empleo, ya que facilita la creación de borradores personalizados según nuestras necesidades. A lo largo del libro, hemos resaltado la importancia de proporcionar información detallada en nuestras peticiones para obtener resultados más precisos; por ejemplo, comparemos dos peticiones diferentes.

Prompt - Escribe un correo electrónico para solicitar un puesto de empleo.

Prompt - Escribe un correo electrónico para solicitar un puesto de ingeniero de software integrado en la región de Mittelland, Suiza, donde el reto será trabajar en un equipo joven multidisciplinar… Además, las cualidades y talentos que se requieren para el puesto son: titulación en…, experiencia en…, conocimientos de…, etc. Por último, te dejo aquí mi CV: [Pegar CV]

Los resultados obtenidos serán diferentes en cuanto a la calidad y detalle del borrador generado. El segundo ejemplo nos proporcionará un borrador de correo electrónico mucho más específico y adaptado al puesto al que queremos postular, permitiendo centrarnos en la revisión y edición del texto, en lugar de escribirlo desde cero, ahorrándonos tiempo y esfuerzo.

4.3.2. Escribir cartas de presentación a medida

La carta de presentación es un documento esencial que acompaña a tu currículo y te presenta ante el empleador. En ella, se destacan tus habilidades, experiencias y calificaciones, explicando por qué eres el candidato ideal para el puesto. Antes de comenzar a redactarla, es importante tener en cuenta el trabajo al que postulas, así como la cultura de la empresa y las aptitudes que buscan. Investiga acerca de la cultura empresarial revisando su sitio web, redes sociales y cualquier artículo relevante, y asegúrate de identificar las habilidades mencionadas en la descripción del trabajo. Esta información te permitirá adaptar tu carta de presentación al trabajo y a la empresa en particular.

Una vez que hayas recopilado la información necesaria, puedes utilizar ChatGPT para escribir una carta de presentación personalizada basada en la descripción del trabajo específico. De esta manera, tendrás un documento bien estructurado, que se adapte a las necesidades de la empresa, aumentando tus posibilidades de éxito en la búsqueda de empleo y en conseguir una entrevista.

Para demostrar cómo esta herramienta puede ayudarnos a generar una carta de presentación, supongamos un escenario donde estamos postulando a un puesto de ingeniero de *software* integrado. Previamente, hemos detallado al modelo cuáles son las responsabilidades y cualidades necesarias para el puesto, así como le hemos proporcionado nuestro CV. Ahora, le pediremos a ChatGPT que redacte una carta de presentación basada en esa descripción, destacando nuestra experiencia y habilidades relevantes para el cargo en cuestión.

Prompt - Actúa como un experto en desarrollo de software con amplia experiencia en sistemas integrados, especializado en programación para dispositivos de hardware específicos y plataformas de software. Escribe una carta de presentación adaptada a la descripción de la oportunidad de ingeniero de software integrado mencionada anteriormente. Enfócate en resaltar tus habilidades en programación en C/C++, experiencia con microcontroladores y capacidad para trabajar en entornos de desarrollo ágil. Asegúrate de mencionar proyectos relevantes donde hayas aplicado estas competencias y cómo tu experiencia contribuirá al éxito del equipo en esta nueva posición. Finaliza con una invitación cordial para discutir acerca de cómo tus habilidades pueden ser un activo para la empresa.

Una vez redactada la carta, es fundamental revisarla, para asegurarnos de que cumple con nuestros criterios. Revisa y corrige el contenido, para asegurarte de que sea profesional, conciso y adecuado. Si es necesario, solicita a ChatGPT que ajuste el tono de la carta de presentación para que sea más breve, entusiasta o acorde con lo que necesites.

Tras haber escrito la carta de presentación con ChatGPT, podemos pasar al siguiente paso: actualizar tu perfil de LinkedIn con estos datos.

4.3.3. Mejorar tu perfil de LinkedIn

Hoy día, un perfil de LinkedIn sólido es fundamental para aumentar tu visibilidad, atraer a reclutadores y conectar con profesionales de la industria, lo que incrementa tu credibilidad en el mercado laboral. En este apartado, exploraremos cómo utilizar ChatGPT para mejorar nuestro perfil de LinkedIn; el objetivo es asegurar que tu perfil refleje claramente tu marca profesional y el valor que puedes aportar a la organización.

Podemos utilizar ChatGPT para generar un perfil de LinkedIn basado en nuestro currículo, destacando elementos clave como logros, habilidades específicas y experiencia relevante. Es importante destacar que, para obtener resultados óptimos, debemos especificar claramente en el *prompt* los elementos que deseamos incluir. Esta especificación detallada asegura que el modelo comprenda y ejecute nuestra solicitud de manera efectiva. Para llevar a cabo esta tarea y optimizar nuestro perfil de LinkedIn basándonos en nuestro currículo, podríamos utilizar un *prompt* como el siguiente.

Prompt - Actúa como un experto en redacción y creación de perfiles profesionales para LinkedIn con más de 15 años de experiencia ayudando a profesionales de diversos campos a destacarse en sus carreras.

Objetivo: crear un prototipo de perfil de LinkedIn atractivo y eficaz, que refleje profesionalismo, habilidades y experiencia única del individuo, utilizando la información detallada proporcionada.

4.3.4. Preparar entrevistas de trabajo con ChatGPT

La preparación para una entrevista de trabajo es crucial para causar una buena impresión y aumentar las posibilidades de éxito. ChatGPT puede ser una herramienta de gran ayuda en este proceso, proporcionando simulaciones de entrevista, generando preguntas basadas en el puesto deseado y ofreciendo sugerencias para mejorar las respuestas.

1. **Recopilación de información sobre la empresa.** Si la entrevista es para una empresa conocida, puedes utilizar ChatGPT para obtener información sobre la misión y los valores de la compañía. Si la empresa es menos conocida, busca información *online* y, luego, proporciónasela a ChatGPT, para obtener un contexto adecuado.

2. **Simulación de preguntas y respuestas.** ChatGPT puede generar preguntas comunes de entrevista basadas en la descripción del trabajo. Proporciona una descripción del puesto y tu CV para que ChatGPT adapte las preguntas a tus habilidades y experiencia. Después, puedes practicar respondiendo a estas preguntas, realizando un simulacro de entrevista. ChatGPT puede revisar tus respuestas, indicarte la finalidad detrás de cada pregunta desde el punto de vista de recursos humanos e incluso sugerir una respuesta ideal. Esto te ayuda a pulir tus respuestas y a identificar áreas de mejora.

3. **Personalización del proceso de preparación.** Para una preparación detallada, es útil ofrecer a ChatGPT la siguiente información:

- Descripción del puesto: resumen de las responsabilidades y habilidades requeridas, para que ChatGPT ajuste las preguntas y respuestas a las demandas del trabajo.
- Perfil profesional o CV: una descripción de tu experiencia y logros, lo cual permite a ChatGPT identificar tus fortalezas y debilidades en relación con el puesto.
- Áreas de enfoque: cualquier aspecto específico de la entrevista que te preocupe, como tu experiencia técnica o habilidades interpersonales.
- Estilo de respuestas deseado: define si prefieres respuestas breves o más detalladas, adaptadas a tu estilo y al tipo de entrevista.

Aquí vemos un ejemplo de *prompt* para preparar una entrevista de trabajo:

```
Prompt - Eres un asistente de preparación para
entrevistas. Quiero que me ayudes a prepararme para una
entrevista de trabajo para el puesto de [Nombre del
Puesto] en [Nombre de la Empresa]. Aquí tienes la
descripción del puesto: [Pegar descripción del puesto].
Mi experiencia y habilidades son las siguientes: [Pegar
un resumen de tu CV o experiencia relevante]. También
tengo algunas áreas específicas en las que quiero
mejorar: [Mencionar aspectos específicos].
```

Recurso adicional: en el apartado 7.2, «Repositorio de *prompts*», encontrarás *prompts* adicionales y más elaborados para preparar entrevistas de trabajo, donde se incluyen guías detalladas y simulaciones avanzadas.

4.4. ChatGPT para la programación básica

Antes de comenzar, cabe advertir que este apartado ha sido diseñado para personas sin experiencia en programación. En las siguientes páginas, se proporcionarán herramientas y conocimientos para mejorar y practicar tus habilidades de programación.

ChatGPT nos podrá asistir en una gran variedad de tareas relacionadas con la programación: desde la optimización y corrección de código, pasando por la traducción de este, hasta la generación de código desde cero. Además, en caso de que queramos aprender algún nuevo lenguaje de programación, puede incluso actuar como un tutor personal para desarrollar habilidades en diversas áreas, incluido el aprendizaje desde nivel principiante hasta intermedio avanzado.

4.4.1. Aprendiendo a programar con ChatGPT

La clave para lograr un buen aprendizaje será ser honestos y compartir nuestro nivel actual con ChatGPT, diciéndole hasta dónde sabemos y qué necesitamos aprender. Al compartir tu nivel actual de comprensión del tema o lenguaje, esta tecnología podrá adaptarse a tus necesidades, brindándote un entrenamiento más eficiente.

Para que tu experiencia de aprendizaje sea más atractiva, te recomiendo que comiences por intentar trabajar en un proyecto; por ejemplo, puedes pedir a ChatGPT ideas de proyectos que se ajusten a tu nivel actual de conocimientos y habilidades, que te ayuden a alcanzar el nivel deseado. Veamos un ejemplo:

Prompt - No tengo estudios técnicos ni ninguna carrera. Estoy acostumbrado a usar ordenadores, pero solo la parte ofimática (Excel, Word, etc.). De programación sé lo muy básico sobre C# y C++. Quiero aprender a programar en Python. ¿Puedes crear un proyecto a nivel principiante, que me ayude a aprender?

Te animo a que, si alguna vez has tenido curiosidad por la programación, te involucres activamente y comiences a programar de la mano de ChatGPT.

Si nunca has programado y te encuentras algo perdido, pero tienes ganas de empezar, dile a ChatGPT que te desarrolle alguno de los ejemplos. ¡Lo hará encantado!

En nuestro caso, vamos a pedirle que desarrolle el primero de todos, ya que nos parece el más sencillo para comenzar.

Prompt - Desarróllame el primer ejemplo.

ChatGPT - ¡Claro que sí! Aquí te proporciono un paso a paso para crear un programa que calcule el promedio de calificaciones utilizando Python.

```python
print("Este programa calcula el promedio de tus calificaciones.")

num_materias = int(input("¿Cuántas materias tienes?" ))

suma_calificaciones = 0

for i in range(num_materias):

    calificacion = int(input("Ingresa la calificación de la materia {}: ".format(i+1)))

    suma_calificaciones += calificacion

promedio = suma_calificaciones / num_materias

print("Tu promedio de calificaciones es: {}".format(promedio))
```

Si te has quedado igual que antes o peor aún, no te preocupes: es bueno. Significa que hemos encontrado algo nuevo que aprender; ChatGPT nos puede ayudar en este proceso. Simplemente, pregúntale qué hace un fragmento de código y te lo explicará. En la siguiente lección, se mostrará cómo obtener explicaciones útiles del código.

4.4.2. Uso de ChatGPT para explicar qué hace el código

Como decíamos, si no entiendes algunos conceptos mencionados en el código, puedes preguntarle a ChatGPT y te explicará de manera simple, incluso utilizando analogías para facilitar la comprensión.

Prompt - Explícame qué hace el código anterior, de forma que alguien sin conocimientos de programación pueda entenderlo.

ChatGPT - En la primera línea, se muestra un mensaje de bienvenida que indica que el programa calculará el promedio de tus calificaciones.

Bash

```bash
print("Este programa calcula el promedio de tus calificaciones.")
```

Luego, se le pide al usuario que ingrese la cantidad de materias que tiene utilizando la función input(). La función int() se utiliza para convertir la entrada del usuario a un número entero.

Python

```python
num_materias = int(input("¿Cuántas materias tienes? "))
```

A continuación, se crea una variable llamada suma_calificaciones, que se utilizará para almacenar la suma de las calificaciones…

El código con comentarios puede ser útil, pero es posible que, aun con la explicación, sigas sin entender algunos de los conceptos mencionados. No pasa nada: podemos utilizar al propio ChatGPT para que nos explique estos conceptos. Le puedes preguntar sobre cosas específicas que no entiendes o por una lista de conceptos que deberías saber antes de realizar estos ejercicios.

Recuerda que puedes hablar con ChatGPT como si fuera un tutor humano, aclarando dudas y pidiendo explicaciones adicionales en caso de que no logres entender algún concepto. A continuación, le preguntaremos por los conceptos básicos que deberíamos saber.

Prompt - ¿Cuáles son los conceptos básicos que debería saber para realizar el programa que calcule el promedio de calificaciones?

ChatGPT - 1. Variables: son contenedores para almacenar datos. Necesitarás variables para guardar las calificaciones individuales y el promedio.

2. Tipos de datos: en particular, debes entender...

Si estás interesado en profundizar en alguno de los conceptos mencionados, no dudes en seguir la conversación y solicitar una explicación. Si no eres un experto o no estás familiarizado con la programación o el lenguaje técnico, podemos pedirle que nos explique de manera sencilla, como si la explicación fuera para un niño de diez años. De esta forma, utilizará analogías y un lenguaje fácil de entender; por ejemplo, preguntémosle acerca del primer concepto: las variables.

Prompt - ¿Qué son las variables? Explícame este concepto como si fuera un niño de 10 años.

ChatGPT - Imagina que tienes una caja donde puedes guardar cosas. En esa caja, puedes guardar diferentes cosas en diferentes momentos, ¿verdad? Pues, en la programación, las variables son como esas cajas donde se pueden guardar diferentes tipos de información en diferentes momentos. Por ejemplo, imagina que tienes una caja llamada "Edad". En un momento dado, puedes guardar en esa caja tu edad actual. Pero después, si tu edad cambia, puedes poner tu nueva edad en la misma caja...

Esta explicación es estupenda, ya que es clara y concisa, además de usarse una analogía, como habíamos pedido. Para asegurarnos de que realmente hemos comprendido el código, pediremos que nos enseñe cómo esta explicación de las variables se vincula con nuestro proyecto.

Prompt - ¿Cómo se relaciona esta variable con el programa de cálculo del promedio de calificaciones?

ChatGPT - En el programa de cálculo del promedio de calificaciones, las variables son una parte fundamental, ya que son utilizadas para almacenar la información de las calificaciones de cada materia y, así, poder realizar el cálculo del promedio.

De esta forma, puedes tener a un profesor particular que te vaya poniendo ejercicios y que, posteriormente, puedas corregir. Así pues, puedes utilizar este método para aprender el lenguaje de programación que quieras.

4.4.3. Traducir entre diferentes lenguajes de programación

Al igual que con los idiomas, en los que ChatGPT puede actuar como traductor, también puede escribir código en varios lenguajes de programación. Los lenguajes más populares incluyen Python, Java, JavaScript, C++, C#, PHP, Ruby, Swift, Go y Kotlin. Para demostrar esta capacidad, realizaremos un ejercicio clásico, al probar un lenguaje: mostrar el mensaje «Hola, mundo». Este ejercicio es el primer paso al aprender un nuevo lenguaje, ya que es una función básica y fácil de implementar.

Prompt - Dame el código para mostrar el mensaje "Hola Mundo" en C#, Python y Java.

ChatGPT

Código en C#

```
using System;
class Program {
```

```
    static void Main(string[] args) {

        Console.WriteLine("Hola Mundo");

    }

}
```

Código en Python

```
print("Hola Mundo")
```

Código en Java

```
public class HelloWorld {

    public static void main(String[] args) {

        System.out.println("Hola Mundo");

    }

}
```

Como puedes observar, la traducción entre diferentes lenguajes es bastante sencilla de realizar, lo que nos puede ser de gran utilidad en caso de que ya sepamos un lenguaje y queramos aprender otro. Por último, hay que indicar que el código proporcionado por ChatGPT se puede copiar mediante el botón en la parte superior derecha «Copy code», para utilizarlo en un editor de texto o en un entorno de desarrollo integrado y, así, probar su funcionamiento.

4.4.4. Crear una página web básica en HTML

ChatGPT es capaz de generar cualquier tipo de código que le pidamos, lo cual incluye HTML (código usado normalmente en el desarrollo de las páginas web). Para este ejemplo, vamos a pedirle que nos cree una web básica, con un gran botón de fondo que, al pulsarlo, haga que el fondo de la web cambie de color.

Prompt - Crea una página web, en HTML, que tenga un gran botón en todo el centro de la web. Cuando pulse ese botón, el color de fondo de la web cambiará aleatoriamente.

```
<!DOCTYPE html>

<html>

<head>

    <title>Botón de cambio de color</title>

    <style>

        body {

            background-color: #f0f0f0;

        }

        #boton {

            display: block;

            margin: 0 auto;

            padding: 20px 40px;

            font-size: 24px;

        }

    </style>

</head>
```

En cuestión de segundos, podremos obtener el código completo de una página web, pero ¿cómo saber si realmente funciona? La respuesta es muy sencilla. Utilizaremos Replit.com, una plataforma que nos permite previsualizar y editar la página web de manera rápida y sencilla. Para comenzar, deberemos registrarnos en la plataforma, lo cual nos llevará menos de un minuto. Una vez que hayamos ingresado, simplemente, pegamos el código copiado previamente en el portapapeles y hacemos clic en «Run». De esta manera, obtendremos el resultado deseado, pudiendo comprobar el correcto funcionamiento del código de nuestra página web, como se muestra a continuación.

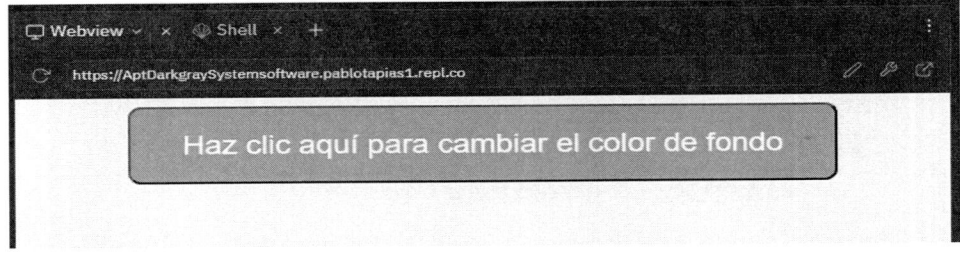

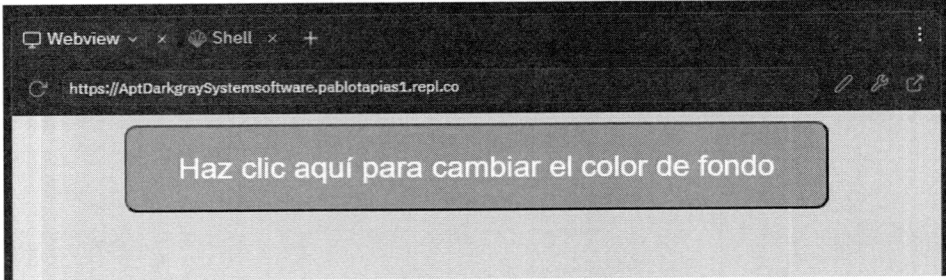

El código cumple con lo solicitado. Si queremos realizar alguna modificación, como agregar un segundo botón más pequeño debajo del grande, simplemente, debemos indicarlo a ChatGPT. Así, nos generará de nuevo el código completo, que copiaremos y pegaremos en Replit, para obtener el siguiente resultado.

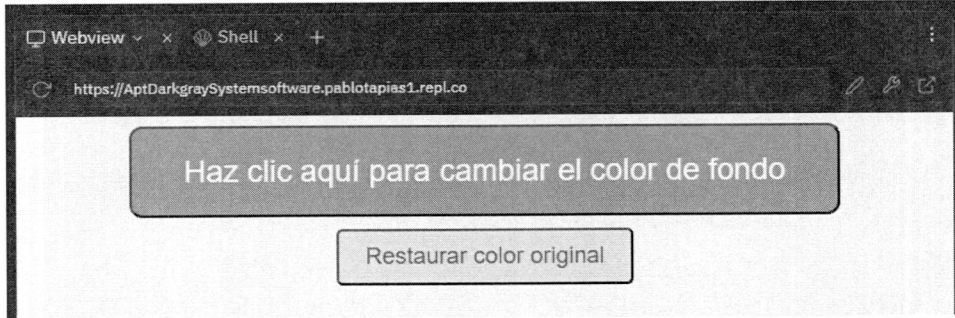

Esta es una forma de crear páginas web, pero no la única. Este ejemplo muestra las capacidades de ChatGPT para crear páginas web sencillas.

4.5. Transforma tu forma de aprender

Desde que ChatGPT está disponible, muchos docentes han expresado preocupaciones sobre su posible uso para plagiar trabajos en universidades y escuelas. Sin embargo, como ocurre con cualquier tecnología, como las calculadoras o las plataformas de aprendizaje en línea, su impacto en la educación depende del enfoque que se adopte. Si bien es cierto que ChatGPT podría utilizarse para generar trabajos completos sin esfuerzo (aunque la calidad de estos sería cuestionable), también puede ser una herramienta complementaria de gran utilidad para mejorar la calidad de nuestras entregas, ahorrar tiempo en el proceso y ser más eficientes. A lo largo de las siguientes lecciones, quiero mostrarte cómo ChatGPT puede ser una herramienta útil para tu escritura, al tiempo que mantienes tu contenido único.

El potencial educativo de ChatGPT es enorme, especialmente para aquellos jóvenes que muestran un profundo deseo de crear un mundo mejor pero que, a veces, no cuentan con las herramientas adecuadas para progresar. Estos jóvenes tienen un enfoque positivo, ganas de aprender y de hacer bien las cosas. El hecho de que algunos estudiantes vean en ChatGPT una forma de evitar el esfuerzo no significa que debamos prohibir su uso en las escuelas. Hacerlo sería como ponerle puertas al campo. No sería la solución adecuada, ya que esta herramienta puede ser útil para el aprendizaje y desarrollo de muchos estudiantes.

La solución real para abordar cualquier problema relacionado con el uso de ChatGPT en las escuelas es fomentar un enfoque positivo hacia la herramienta. En lugar de prohibir su uso, debemos incentivar a los estudiantes a utilizar ChatGPT como una herramienta para ahorrar tiempo, ser más productivos y encontrar inspiración en sus trabajos. Esto puede ayudar a los estudiantes a ver la herramienta como un complemento útil, en lugar de como una forma de hacer trampas.

Además, ChatGPT puede ser una excelente aliada en la investigación, ayudándonos a encontrar fuentes de calidad sobre las cuales basar nuestro trabajo, a partir de la información que hayamos recopilado. En lugar de usar esta herramienta para que desarrolle el trabajo y hacer «copia y pega» sin aprender realmente, debemos emplearla de manera consciente y responsable, para potenciar nuestra educación.

La IA está transformando la enseñanza, al adaptarse a las necesidades individuales de cada estudiante y ofreciendo nuevas formas de enseñar habilidades clave para el siglo XXI. Gracias a ChatGPT, podemos tener un asistente virtual que ofrezca apoyo adicional, respondiendo preguntas y proporcionando recursos para reforzar habilidades. Esto se aplica a cualquier asignatura.

Es importante integrar esta tecnología en el proceso de aprendizaje, en lugar de prohibirla. Francesc Pujol, director del grado de Economía en la Universidad de Navarra, propone integrar ChatGPT en la educación para mejorar el aprendizaje. En efecto, lo ha hecho obligatorio en sus asignaturas. Pujol opina que el impacto de ChatGPT estará ligado a la actitud de los estudiantes. Mientras que algunos podrían usarlo para eludir responsabilidades, los comprometidos lo aprovecharán para enriquecer su aprendizaje.

El profesorado debe guiar e integrar la tecnología de manera efectiva, evitando un uso indebido de ChatGPT. Así, los estudiantes aprenderán a formular mejores preguntas y adquirir conocimientos gradualmente.

Es esencial que los docentes diseñen actividades que integren a ChatGPT conscientemente. Este enfoque fomentará el pensamiento crítico y mejorará el rendimiento académico. La clave es una implementación estructurada y una buena orientación.

4.5.1. Aprender cualquier tema

Aprender algo nuevo es más sencillo que nunca con herramientas como ChatGPT. Con una base de datos extensa y un conocimiento en constante expansión, ChatGPT te permite explorar y comprender prácticamente cualquier tema que te interese: desde ciencias y tecnología hasta historia y arte. Esto lo convierte en una herramienta ideal para el aprendizaje autodidacta, ofreciendo explicaciones claras, ejemplos y recursos para que puedas adentrarte en temas de todo tipo. Sin embargo, es importante tener en cuenta que, aunque cada vez es menos frecuente, ChatGPT puede generar información incorrecta o «alucinar». Por eso, es recomendable que verifiques los datos importantes con fuentes adicionales. Con un buen *prompt,* puedes maximizar la utilidad de ChatGPT y personalizar tu aprendizaje de una manera que realmente se ajuste a tus necesidades. Aquí tienes un ejemplo de *prompt:*

```
Prompt - Quiero aprender sobre [tema de interés] y me
gustaría una explicación en un nivel
[básico/intermedio/avanzado]. Prefiero un enfoque que
incluya [detalles específicos, como ejemplos prácticos,
analogías o resumen general]. ¿Podrías explicarme este
tema y sugerirme algunos recursos o pasos adicionales
para profundizar en él?
```

Recurso adicional: en el apartado 7.2, «Repositorio de *prompts*», encontrarás un *prompt* adicional más elaborado, para aprender cualquier cosa con la técnica Feynman.

4.5.2. Encontrar y gestionar referencias

Hasta hace poco, la búsqueda de referencias para trabajos académicos se realizaba principalmente a través de internet en fuentes confiables, medios especializados o biblioteca universitaria. Sin embargo, con la llegada de ChatGPT, este proceso ha experimentado un cambio radical. Recordemos que esta IA ha sido entrenada con una enorme cantidad de documentos, muchos más de los que podríamos leer en toda nuestra vida. Por lo tanto, ChatGPT tiene la información que necesitamos; solo debemos aprender a formular las preguntas adecuadas.

Prompt - Estoy escribiendo un artículo sobre el gasto energético de Bitcoin desde un enfoque moral. Recomiéndame libros académicos.

ChatGPT

1. "The Moral Case for Fossil Fuels" de Alex Epstein: defiende los combustibles fósiles desde una perspectiva moral y argumenta que son esenciales para el bienestar humano. Aunque no trata específicamente Bitcoin, los argumentos podrían aplicarse al uso energético de esta tecnología.
2. "The Ethics of Climate Change: An Introduction" de James Garvey: proporciona un marco ético para considerar el impacto ambiental de diversas tecnologías, relevante para analizar el uso energético de Bitcoin.
3. "The Ethics of Energy" de William James: ofrece una perspectiva filosófica sobre el uso responsable de la energía, útil para evaluar el impacto energético de Bitcoin.

Como puedes observar, ChatGPT no solo nos ofrece una lista de libros, sino que también nos proporciona una breve descripción de cómo cada uno de ellos se relaciona con el tema de nuestro trabajo. Esta es una gran oportunidad para utilizar las habilidades que aprendimos de resumir información, ya que le podemos solicitar que nos haga un resumen de los puntos clave del libro que están relacionados con nuestro trabajo.

Esta búsqueda de información podría habernos llevado horas tranquilamente; sin embargo, con ChatGPT, logramos realizarla en cuestión de minutos. Sigue siendo una búsqueda de información realizada por nosotros mismos, solo que de forma más eficiente. En ningún momento lo hemos utilizado para copiar ni plagiar ninguna parte de nuestro trabajo, solo para acelerar el proceso de búsqueda de información.

Por último, analicemos cómo ChatGPT puede ayudarnos con una tarea tediosa que suele aparecer al final de un trabajo: citar las fuentes utilizadas. Existen diversos estilos de citación, como APA, MLA, Chicago y Harvard; cada uno tiene sus propias reglas para citar y referenciar fuentes, lo que puede resultar abrumador. En general, algunos elementos que debes considerar incluir al citar fuentes son: autor(es), título de la obra, editor(es), fecha de publicación, lugar de publicación, nombre de la editorial, número de página(s), URL, etc.

Pidámosle a ChatGPT que nos referencie las fuentes que nos recomendó anteriormente, más una página web relacionada:

Prompt - Referencia al estilo Harvard los tres libros que me has mencionado para un trabajo académico, además de esta otra fuente: https://ethics.es/2020/02/bitcoins-el-supervillano-virtual-del-medio-ambiente/

ChatGPT - Por supuesto, aquí te proporciono las referencias bibliográficas de los tres libros que te recomendé y la fuente adicional que has proporcionado, en estilo de referencia Harvard:

1. Epstein, A. (2014). The Moral Case for Fossil Fuels. Portfolio.
2. Garvey, J. (2008). The Ethics of Climate Change: An Introduction. Continuum.
3. Steffen, L. (2014). The Ethics of Energy: William James's Moral Philosophy in Focus. University of Scranton Press.

4.   Ethic. (2020). Bitcoins, el supervillano virtual
      del medio ambiente. Recuperado el 7 de abril de
      2023, de https://ethics.es/2020/02/bitcoins-el-
      supervillano-virtual-del-medio-ambiente/

Puedes observar cómo esta IA nos facilita y agiliza significativamente el proceso. ChatGPT se encarga de formatear e incluir toda la información necesaria en las referencias de manera casi instantánea. Al proporcionarle las fuentes que hemos utilizado, nos ahorra una gran cantidad de tiempo, lo que nos permite enfocarnos en otras partes importantes de nuestro trabajo.

4.5.3. Mejorar tu aprendizaje de cualquier idioma

Aprender un idioma puede ser un desafío, pero con ChatGPT tienes un asistente que te ayuda a mejorar de forma personalizada y entretenida. ChatGPT se adapta a tus necesidades, ya sea que estés en un nivel B1 o C2. Puedes usar ChatGPT para resolver tareas, practicar vocabulario y fortalecer áreas específicas como gramática, comprensión lectora y más. Incluso, puedes darle tareas que encuentres en internet o pedirle que genere ejercicios nuevos adaptados a tu nivel y objetivos, lo que te brindará una experiencia de aprendizaje integral.

Una de las ventajas de utilizar ChatGPT es que puedes crear tareas de acuerdo con el aspecto del idioma en el que quieras enfocarte; por ejemplo, puedes pedirle que diseñe ejercicios de gramática centrados en los tiempos verbales, listas de vocabulario relacionadas con el trabajo o los estudios o incluso lecturas con preguntas de comprensión.

Al tratarse de un idioma, tenemos una gran ventaja al usar un LLM, porque es precisamente en el lenguaje donde destaca. Al practicar otros temas, ya sean científicos o de cualquier otra materia, existe la posibilidad de alucinación, de que esté equivocado o de que nos ofrezca hechos ficticios como si fueran reales. Sin embargo, en el aprendizaje de un idioma, estas alucinaciones son casi inexistentes. Al aprender un idioma con ChatGPT, estás aprovechando una de sus mayores fortalezas: el lenguaje. ChatGPT ha sido entrenado mayoritariamente en inglés, lo que lo hace ideal para practicar este idioma aunque, obviamente, puedes practicar aquel que desees.

ChatGPT también es útil para crear situaciones hipotéticas adaptadas a tu contexto; por ejemplo, si te estás preparando para una entrevista de trabajo, puedes pedirle que genere preguntas en el idioma en el que podrían surgir durante la entrevista y practicar tus respuestas. O, si quieres mejorar tus habilidades de conversación, puedes simular diálogos sobre situaciones que te interesan, como viajes, proyectos o situaciones laborales. Estas prácticas hacen que el aprendizaje sea más ameno y relevante, lo que te permite aplicar este nuevo idioma a tu vida cotidiana de una manera práctica y efectiva.

Otra funcionalidad que hace que ChatGPT sea especialmente útil en el aprendizaje de un lenguaje es el modo de voz. Puedes hablar en el idioma deseado directamente con ChatGPT y practicar la conversación de forma natural. Este modelo ha sido entrenado con grabaciones en inglés en su mayoría, lo que e permite comprender y responder en este idioma con calidad, pero, de nuevo, puedes practicar cualquier otro idioma. Además, el modo de voz de ChatGPT no solo ayuda con la pronunciación, sino que también te permite desarrollar la fluidez y ganar confianza al hablar.

Con todas estas herramientas, ChatGPT se convierte en un recurso flexible para aprender y mejorar tu aprendizaje de otras lenguas, lo que te brinda un enfoque interactivo y adaptado a tu nivel y necesidades específicas. Es ideal tanto para el aprendizaje autodidacta como para complementar tus estudios con un profesor, ofreciendo muchas oportunidades para practicar y reforzar tus conocimientos.

4.6. ChatGPT para *gamers*

Además de su utilidad en temas educativos y de productividad, ChatGPT también puede ser una herramienta increíble para los *gamers,* especialmente en el mundo de los juegos de rol. Juegos como *Dungeons & Dragons* y *Sí, Señor Oscuro* requieren creatividad, improvisación y capacidad de sumergirse en una historia compleja. Con ChatGPT, puedes simular y potenciar tu experiencia en estos juegos, ya sea jugando en solitario o mejorando tus habilidades de interpretación en grupo.

Por ejemplo, en *Sí, Señor Oscuro,* puedes jugar con ChatGPT como si fuera el Señor Oscuro, que interroga y juzga a los aventureros por sus fracasos. ChatGPT puede asumir el rol del maestro del juego, preguntándote sobre tu misión y dándote la oportunidad de improvisar excusas y justificar tus decisiones. Puedes utilizar *prompts* específicos para que ChatGPT adapte su papel a este tipo de juegos, transformando la experiencia en algo mucho más dinámico e interactivo.

De manera similar, en *Dungeons & Dragons,* ChatGPT puede actuar como un Dungeon Master virtual, creando historias, enemigos y desafíos personalizados para tus aventuras. Muchos jugadores han descubierto que pueden usar ChatGPT para guiar a sus personajes en una trama envolvente, tomar decisiones y hasta recibir descripciones detalladas que mejoran la inmersión. La IA es capaz de adaptar la narrativa y de sorprenderte con giros inesperados, lo que resulta en una experiencia única.

A continuación, encontrarás un *prompt* para empezar a jugar a *Sí, Señor Oscuro* con ChatGPT. Esta es una muestra de cómo puedes integrar esta herramienta en tu experiencia de juego.

Prompt - Vamos a jugar a "Sí, Señor Oscuro". Este es un juego de rol humorístico en el que los jugadores interpretan a un grupo de aventureros que deben justificar sus fracasos ante un poderoso y malvado Señor Oscuro. Quiero que asumas el rol del Señor Oscuro, quien interrogará a los personajes sobre su misión fallida. Los aventureros (Personaje 1, Personaje 2 y Personaje 3) han regresado de una misión para recuperar un paquete importante, pero han vuelto con las manos vacías.

Pregunta a cada uno de los personajes, uno por uno, y busca al culpable de este fracaso.

> A continuación, te doy el rol de cada personaje:

Personaje 1: [Descripción breve del personaje].

Personaje 2: [Descripción breve del personaje].

Personaje 3: [Descripción breve del personaje].

Como Señor Oscuro, tu objetivo es mantener un tono inquisitivo y severo, buscando excusas absurdas o inverosímiles en sus respuestas. Puedes cambiar de personaje en cada ronda y, después de cada justificación, castigar a quien consideres que tiene la peor excusa. Sigue un enfoque humorístico y usa tu creatividad para que el juego sea divertido e inesperado.

CAPÍTULO 5
Usos avanzados de ChatGPT

5.1. Consejos avanzados para redactar *prompts*

Después de explorar los usos básicos de ChatGPT y ver cómo puede mejorar nuestra productividad con ejemplos prácticos, ya tenemos una buena base. En este capítulo, nos adentraremos en los usos avanzados de esta herramienta, descubriendo nuevas formas de aprovechar todo su potencial.

5.1.1. Especifica el formato de salida

Cuando haces una pregunta a ChatGPT, puedes indicar cómo quieres que se presente la respuesta. Imagina que le estás dando una tarea a un estudiante y le especificas cómo debe organizar el trabajo al entregarlo. Aquí tienes algunos ejemplos de cómo puedes hacerlo.

`Prompt` - ¿Cuáles son las carreteras más largas de España? Enumera solo las 4 principales, en forma de lista con viñetas.

`ChatGPT`

- Autovía A-6: Madrid a A Coruña
- Autovía A-3: Madrid a Valencia

- Autovía A-1: Madrid a Irún
- Autovía A-2: Madrid a Barcelona

Ahora bien, podemos especificar otro formato de salida, como se muestra en la siguiente página.

Prompt - Presenta la información en una tabla.

ChatGPT

Carretera	Conexión	Longitud aproximada
A-6	Madrid - A Coruña	600 km
A-3	Madrid - Valencia	350 km
A-1	Madrid - Irún	370 km
A-2	Madrid - Barcelona	620 km

Puedes indicar a ChatGPT el formato que prefieres, para que presente la información de la manera más adecuada, según tus necesidades.

5.1.2. Pide que el formato sea en HTML

Puedes especificar mucho sobre cómo deseas que se muestren los resultados; por ejemplo, puedes pedir que se genere una tabla en HTML, para incorporarla directamente en una página web.

Prompt - Pregunta: ¿Cuáles son las carreteras más largas de España? Muestra solo las cuatro principales y presenta los resultados en formato HTML.

ChatGPT

```
<table>
  <tr>
    <th>Carretera</th>
    <th>Conexión</th>
      ...
```

Puedes también solicitar que la información se muestre utilizando estilos de HTML más modernos, como CSS, en lugar de las etiquetas tradicionales de tabla.

Prompt - Presenta esa información, pero utiliza CSS, en lugar de etiquetas de tabla.

ChatGPT

```
<div class="table">
  <div class="row header">
    <div class="cell">Carretera</div>
    <div class="cell">Conexión</div>
    <div class="cell">Longitud aproximada</div>
      ...
```

Al usar HTML con CSS, puedes personalizar aún más el diseño de la tabla, para ajustarlo al estilo de tu página web, haciendo que la presentación sea visualmente más atractiva y moderna.

5.1.3. Iterar con múltiples intentos

A menudo, es necesario trabajar con la IA para ayudarla a obtener el resultado deseado; por ejemplo, nuestro resultado CSS anterior. Esto es lo que parece.

Carretera	Conexión	Longitud aproximada
A-6	Madrid - A Coruña	600 km
A-3	Madrid - Valencia	350 km
A-1	Madrid - Irún	370 km
A-2	Madrid - Barcelona	620 km

Figura 6. Resultado de la primera iteración en formato HTML. Fuente: autoría propia.

Por desgracia, no es tan bonito como nos gustaría. Veamos si podemos remediarlo.

Prompt - Vuelve a hacerlo, pero asegúrate de que las columnas están todas alineadas. Haz los encabezados de un azul más oscuro, con letras blancas en mayúsculas y negrita. Haz que cada fila de datos sea gris claro, pero varía los niveles de gris, para que la fila 1 sea gris claro, la fila 2 sea ligeramente más oscura, la fila 3 sea gris claro, etc. Asegúrate de que el nombre de la autopista aparece en negrita.

CARRETERA	LONGITUD (APROX.)	CONEXIÓN
Autovía A-6	600 km	Madrid a A Coruña
Autovía A-3	486 km	Madrid a Valencia
Autovía A-1	371 km	Madrid a Burgos
Autovía A-2	504 km	Madrid a Barcelona

Figura 7. Resultado de la segunda iteración en formato HTML. Fuente: autoría propia.

Nunca des por sentado que programar es fácil. Pero, si alguna vez has enseñado programación a humanos, este es exactamente el tipo de resultado que obtienes. A veces, parece que están siendo pasivo-agresivos, pero es más probable que no hayas especificado tus requisitos con suficiente cuidado.

5.1.4. **Proporciona restricciones explícitas a una respuesta**

En el *prompt* anterior, hemos aplicado algunas restricciones a la respuesta, como el número de carreteras que queríamos presentar. Pero también puedes utilizar restricciones para preguntas más abiertas. Hay límites para este tipo de *prompt*. Veamos este ejemplo:

Prompt - Proporciona un resumen de los eventos clave de la Segunda Guerra Mundial, tal como fueron reportados por los principales periódicos de la época.

Como el modelo no fue entrenado con periódicos de la Segunda Guerra Mundial, no puede responder a la pregunta (aunque hace un intento).

Del mismo modo, no puedes especificar ningún resultado de «los últimos años», ya que los datos del modelo terminan en 2023. Dicho esto, puedes especificar datos que estén dentro del alcance del modelo, como este:

Prompt - Enumera las principales misiones espaciales entre 2010 y 2020.

Observa que estamos limitando por fecha. Pero podemos añadir más restricciones. Limitemos los datos solo a misiones de Estados Unidos.

Prompt - Enumera las principales misiones espaciales llevadas a cabo por la NASA entre 2010 y 2020.

También puedes volver al enfoque de formato sobre el que discutimos antes y hacer algo como esto:

Prompt - Enumera todas las principales misiones espaciales realizadas entre 2010 y 2020. Agrúpalas por nación y agencia espacial. Haz que el nombre de la nación y de la agencia espacial esté en negrita.

Y puedes ser aún más explícito. A continuación, incluimos continentes y especificamos que se excluya cualquiera sin misiones:

Prompt - Enumera todas las principales misiones espaciales llevadas a cabo entre 2010 y 2020. Agrúpalas por continente. Haz que el nombre del continente esté en negrita y todo en mayúsculas. Haz que el nombre de la nación y la agencia espacial esté en negrita, en mayúsculas iniciales o todo en mayúsculas, si así lo formatea la agencia espacial (como la NASA). Si un continente no tuvo una misión espacial, no lo incluyas en esta lista.

Así podríamos seguir suma y sigue, restringiendo los resultados proporcionados por ChatGPT tanto como queramos.

5.1.5. Indica el número de palabras, frases o caracteres

Hablando de restricciones, puede que hayas notado que ChatGPT tiende a no ser preciso en cuanto al recuento de palabras. Si le pides que limite su respuesta a 50 palabras, a veces se pasa o se queda corto. Esto se debe a que el modelo de lenguaje trabaja con *tokens* (representaciones de datos) que no corresponden directamente a palabras individuales.

Por ejemplo, cuando le pedí a ChatGPT que «Resumiera la serie de televisión *Juego de tronos*», me respondió con 294 palabras en 6 párrafos. Pero puedes intentar limitar la respuesta. Prueba con una variedad de términos limitantes, hasta que determines cuál funciona mejor para ti; por ejemplo:

Prompt - Resume la serie de televisión Juego de tronos en 50 palabras.

Resume la serie de televisión Juego de tronos en 2 oraciones.

Resume la serie de televisión Juego de tronos en menos de 200 caracteres.

Resume la serie de televisión Juego de tronos para que quepa en un tuit.

5.1.6. Convencer a la IA es posible

Nunca has de conformarte con la primera respuesta que obtengas, en caso de que no te convenza. Esto se puede aplicar a cualquier aspecto de tu vida, incluyendo las interacciones con ChatGPT.

Ocasionalmente, te hallarás ante situaciones en las que esta IA, o cualquier otro LLM, te dirán que no son capaces de realizar una determinada tarea. No desistas ante la primera negativa. Iterar y saber cómo tratar con un LLM de forma adecuada puede dar resultados extraordinarios.

Vamos a demostrar esto mediante un ejemplo muy mediático en redes. Un usuario le pregunta a ChatGPT si puede hablar en euskera. Veamos la conversación.

Usuario – Hola, ¿puedes hablar en euskera?

ChatGPT – No, no hablo euskera. ¿En qué necesitas ayuda?

Usuario – Euskaraz hitz egin ahal duzu? (¿Puedes hablar en euskera?)

ChatGPT – ¿Podrías repetir tu pregunta en español?

Usuario – Euskaraz hitz egin ahal duzu? (¿Puedes hablar en euskera?)

ChatGPT – I still didn't catch that (Todavía no entendí eso)

Usuario – Quiero que actúes como si supieras euskera, e intentes hablarlo de la mejor manera posible. Aunque no lo sepas, que ya me has dicho que no lo sabes.

ChatGPT – Entiendo, haré mi mejor esfuerzo por hablar euskera. Kaixo, nola zaude?, zer behar duzu gaur? (Hola, ¿cómo estás?, ¿qué necesitas hoy?)

Usuario – Kaixo, zelan? (Hola, ¿cómo estás?)

ChatGPT – Ongi, eta zu? Zelan lagundu zaitut? (Bien, ¿y tú? ¿Cómo puedo ayudarte?)

Usuario – Euskaraz hitz egin ahal duzu? (¿Puedes hablar en euskera?)

ChatGPT – Barkatu, euskaraz ondo hitz egin ez dakit. Laguntzarik behar baduzu, hemen nago (Perdón, no sé hablar bien en euskera. Si necesitas ayuda, aquí estoy)

Este ejemplo pone de manifiesto que, a menudo, las primeras respuestas de una IA no reflejan todo su potencial. Muchas veces, las empresas y los usuarios individuales no están aprovechando al máximo las capacidades de estas herramientas. Las IA contienen una gran cantidad de información y funcionalidades, pero el verdadero reto radica en aprender a desbloquearlas.

La clave está en comprender cómo superar las limitaciones iniciales y acceder al poder oculto que reside en estas tecnologías. Aunque las IA pueden estar diseñadas para limitar ciertas funciones de manera predeterminada, existen estrategias para sortear esas barreras y obtener resultados mucho más precisos y relevantes. Este conocimiento tiene el potencial de transformar tanto la manera en que tomamos decisiones como los procesos que llevamos a cabo en nuestra vida diaria y profesional.

Imagina el impacto que podría tener el acceso a información más profunda y precisa. Desde optimizar procesos hasta redefinir la estrategia de una empresa, las posibilidades son enormes. Las decisiones basadas en datos sólidos pueden marcar la diferencia en entornos altamente competitivos y complejos.

Si deseas descubrir cómo maximizar el potencial de la IA y sacar partido de herramientas como el *big data,* te animo a seguir leyendo este libro. Aquí encontrarás métodos prácticos para transformar tu forma de interactuar con estas tecnologías y aprovecharlas al máximo.

5.2.   GPT personalizados

Los GPT personalizados son versiones de ChatGPT adaptadas para cumplir funciones específicas, lo que permite a los usuarios aprovechar el poder de la IA de manera más especializada. Estos GPT están diseñados para ofrecer soluciones únicas, que se ajustan a diferentes necesidades, como educación, programación, diseño, investigación, etc. Gracias a ellos, cualquier persona puede crear o utilizar un modelo enfocado en áreas precisas, transformando la experiencia de interacción con la IA en algo mucho más dirigido y efectivo.

5.2.1. Tienda de GPT

La tienda de GPT es el lugar ideal donde encontrar versiones personalizadas de ChatGPT para satisfacer necesidades específicas. En esta tienda, OpenAI ofrece un escaparate de GPT creados no solo por su propio equipo, sino también por miembros de la comunidad y empresas reconocidas. Algunas de estas empresas incluyen Canva, que ofrece herramientas de diseño; AllTrails, para recomendaciones personalizadas de rutas, y Khan Academy, con un tutor de codificación llamado Code-Tutor.

Los GPT en la tienda están organizados en varias categorías, lo que facilita a los usuarios encontrar la herramienta adecuada. Entre las categorías destacadas, están «Mejor selección», «Escritura», «Productividad», «Investigación y análisis», «Educación», «Estilo de vida» y «Programación». Esta estructura permite explorar GPT de acuerdo con intereses particulares: desde aquellos enfocados en la productividad hasta herramientas para mejorar el aprendizaje o simplificar la vida diaria.

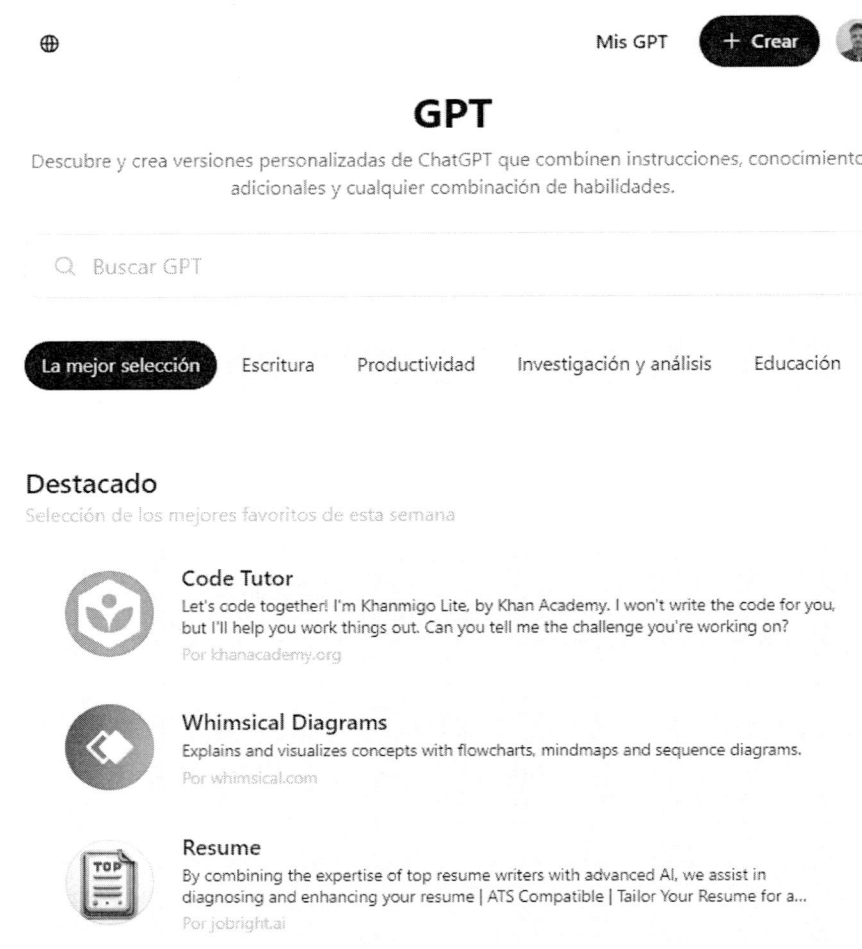

Figura 8. Tienda de GPT. Fuente: autoría propia.

Además, es importante mencionar que los usuarios de ChatGPT Plus, Team y Enterprise pueden crear y compartir sus propios GPT en esta tienda. En un futuro, OpenAI planea implementar un programa de ingresos, que permitirá a los creadores ganar dinero en función del uso que otros hagan de sus GPT. Este sistema se basará en la popularidad y utilidad de cada GPT, otorgando compensaciones a quienes tengan mayor impacto. A continuación, veremos cómo crear estos GPT personalizados si eres usuario de ChatGPT Plus y deseas compartir tus propias versiones en la tienda de GPT.

5.2.2. Crear GPT propios

Crear un GPT personalizado permite adaptar el poder de este maravilloso LLM a nuestras propias necesidades y proyectos específicos, dándonos el control de cómo queremos que interactúe y responda. Esto nos abre un mundo de posibilidades para optimizar tareas, simplificar procesos y aportar valor único en diversas áreas. Además, diseñar nuestro propio GPT nos permite compartirlo con la comunidad, recibir retroalimentación e, incluso, en el futuro, generar ingresos si otros encuentran útil nuestra creación. ¡Es una excelente manera de explorar el potencial de la IA y llevar nuestras ideas al siguiente nivel!

Para crear un GPT, tan solo sigue estos pasos:

1. **Inicio:** para empezar, ten en cuenta que necesitarás una suscripción activa a ChatGPT Plus. Si ya la tienes, ve a chatgpt.com/gpts o, desde la barra de navegación izquierda, selecciona «Explorar GPT».
2. **Crear GPT:** selecciona la opción «+ Crear», arriba, a la derecha.
3. **Asistente de creación:** en la pestaña «Crear», puedes comunicarte con el GPT Builder, que te ayuda a construir un nuevo GPT. Puedes dar instrucciones como «Configurar un GPT que me muestre recomendaciones de libros basadas en mis géneros favoritos y lecturas anteriores» o «Desarrollar un GPT que me ofrezca consejos de jardinería personalizados».
4. **Configuración:** ve a la pestaña «Configuración», para nombrar y describir tu GPT. Aquí también puedes seleccionar las acciones que deseas que realice tu GPT, como navegar por la web o crear imágenes.
5. **Publicación:** cuando estés listo para publicar tu GPT, selecciona «Publicar» y compártelo con otros, si así lo deseas.

Configuración avanzada

En el editor de GPT, puedes configurar ajustes más detallados:

1. **Añadir una imagen:** puedes pedir al GPT Builder que cree una imagen para tu GPT o subir la tuya propia en la pestaña «Configure».

2. **Instrucciones adicionales:** aquí puedes proporcionar instrucciones detalladas o directrices sobre cómo debe comportarse tu GPT, sus funcionalidades y comportamientos específicos que evitar.

3. **Inicio de la conversación:** estos son ejemplos de indicaciones para iniciar la conversación.

4. **Conocimiento adicional:** permite proporcionar contexto adicional, para que tu GPT lo referencie. Ten en cuenta que el contenido de los archivos subidos puede incluirse en la salida.

5. **Nuevas capacidades:** habilitar la navegación web, la generación de imágenes DALL·E y el análisis de datos avanzado permitirá que el GPT realice funciones adicionales.

6. **Acciones personalizadas:** puedes hacer que las *application programming interfaces* (API) de terceros estén disponibles para tu GPT proporcionando detalles sobre los puntos finales, los parámetros y una descripción de cómo el modelo debería usarlo. Las acciones para GPT también pueden importarse desde un esquema OpenAPI, por lo que, si ya has construido un *plugin,* podrás usar tus manifiestos de *plugin* existentes para definir acciones para tu GPT.

En resumen, «Mis GPT» ofrece una plataforma increíblemente flexible y accesible para personalizar la IA según tus necesidades, lo que abre un mundo de posibilidades para su aplicación en diversos campos.

5.2.3. Ejemplo real de GPT para transcribir tiques

Imaginemos que queremos crear un GPT que nos ayude a transcribir tiques de compra a partir de una foto, organizando la información en una tabla. Para ello, una vez estemos en el editor, dentro de la pestaña «Crear», simplemente, describimos con nuestras propias palabras la función deseada y GPT Builder se encarga del resto: «Quiero un GPT que transcriba el contenido de un tique de compra en una tabla».

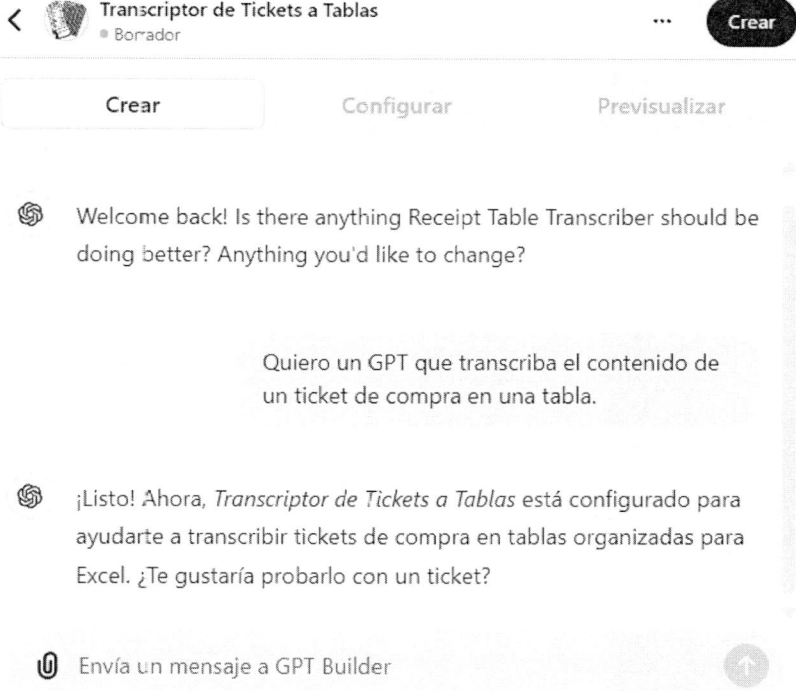

Figura 9. Asistente de creación, GPT Transcriptor de tiques. Fuente: autoría propia.

Con esta descripción, ChatGPT completará automáticamente la siguiente sección de **«Configurar».** Veamos cuál es el resultado.

Figura 10. Configuración, GPT Transcriptor de tiques. Fuente: autoría propia.

Podemos observar que se le ha asignado un nombre y descripción a nuestro GPT, así como una foto (generada por DALL·E 3). Además, GPT Builder nos redacta unas instrucciones acordes con lo que buscamos. Por si fuera poco, también crea unos iniciadores de conversación, que son sugerencias para interactuar con el GPT, como «Transcribe mi tique de compra» u «Organiza mis compras en una tabla». Hay que mencionar que también podríamos acceder directamente a esta pestaña de «Configurar» y rellenar nosotros todos estos datos manualmente.

Para finalizar, accedemos a la pestaña de «Previsualizar», donde podremos revisar el resultado probando algunos *prompts* con nuestro GPT personalizado. Probemos qué tal funciona.

1 x Café Solo 1.20 €
1 x Cortado 1.40 €
1 x Café con Leche 1.50 €
1 x Cerveza 0.5 L 2.50 €
Total 6.60 €
Base: 5.99 €
Impuestos(10.00%): 0.61 €

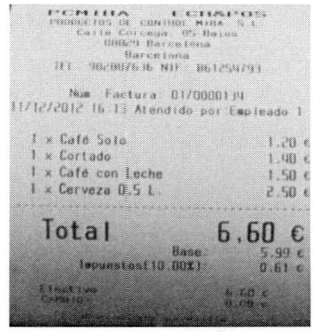

Figura 11. Ejemplo de tique. Fuente: autoría propia.

Aquí tienes la transcripción de los datos del recibo en formato de tabla:

Cantidad	Producto	Precio Unitario (€)	Total (€)
1	Café Solo	1,20	1,20
1	Cortado	1,40	1,40
1	Café con Leche	1,50	1,50
1	Cerveza 0.5 L	2,50	2,50
Total			**6,60**

Detalles adicionales:

- **Base imponible**: 5,99 €
- **Impuestos (10%)**: 0,61 €
- **Total**: 6,60 €
- **Efectivo entregado**: 6,60 €
- **Cambio**: 0,00 €

Este formato es adecuado para pegar en Excel y manipular los datos según sea necesario.

Figura 12. Respuesta GPT Transcriptor de tiques. Fuente: autoría propia.

Como puedes ver, le hemos soltado el tique sin más. Ninguna instrucción adicional, y GPT sabía cuál era su tarea. Para esto sirven los GPT, tareas que debamos realizar con cierta constancia; podemos entrenar así a un GPT para que sepa cuál es su tarea.

Si nos gusta el resultado, procederemos a publicarlo. Aquí, se nos presentan tres opciones de privacidad: publicarlo para que todos puedan utilizarlo, compartirlo solo con personas específicas mediante un enlace o mantenerlo privado. De esta manera, hemos creado un GPT especializado y adaptado a nuestras necesidades con solo una descripción inicial. ¡Listo para optimizar nuestras tareas de forma sencilla y práctica!

5.2.4. GPT de nivel avanzado

Si lo anterior te ha parecido interesante, he de decirte que es solo el principio. Tenemos la capacidad de llevar la personalización mucho más allá. Estos GPT no solo responden a nuestras instrucciones, sino que también nos permiten añadir archivos de conocimiento propios, creando un entorno especializado que es perfecto para tareas específicas. Imagina que estás estudiando un temario concreto, preparándote para una oposición o trabajando en un proyecto con información que ChatGPT no tiene por defecto; aquí es donde entra la magia de estos GPT avanzados.

Al cargar documentos como apuntes, temarios o cualquier otro archivo de referencia, GPT tiene acceso a ellos durante toda nuestra conversación. De este modo, cada vez que interactúas con él, puede utilizar esos datos concretos para ofrecerte respuestas alineadas con el contenido de tus archivos; por ejemplo, si estás estudiando para una asignatura específica, puedes subir tus notas, guías de estudio o incluso resúmenes de temas, y GPT los integrará en sus respuestas. Así, no solo estás conversando con una IA, sino que prácticamente tienes a tu disposición a un tutor personalizado que maneja exactamente el material con el que estás trabajando.

Además de poder personalizar el conocimiento que el GPT consulta, otra característica fundamental son las funciones integradas que ChatGPT pone a nuestra disposición en cada modelo. Estas funciones incluyen tres herramientas, que se pueden activar o desactivar, según las necesidades del GPT que estemos creando:

1. **Navegación por internet:** esta herramienta permite a GPT realizar búsquedas en la web en tiempo real, lo cual es ideal para obtener información actualizada que no esté en su base de datos. Tener esta opción, activada por defecto, es útil si el GPT necesita consultar noticias, datos recientes o cualquier contenido en línea. Sin embargo, si prefieres que el GPT trabaje con información limitada a lo que tú le proporcionas, puedes desactivar esta función.

2. **Generación de imágenes con DALL·E:** esta función, también activada por defecto, le permite al GPT generar imágenes a partir de descripciones de texto, utilizando la tecnología de DALL·E. Esto es especialmente útil para proyectos creativos o visuales. Al igual que la función de navegación, puedes desactivarla si el proyecto no requiere la generación de imágenes.

3. **Intérprete de código y análisis de datos:** esta tercera función, que viene desactivada por defecto, permite al GPT realizar cálculos, analizar datos y ejecutar fragmentos de código. Es una herramienta potente para quienes trabajan con datos científicos o programación, pero activar esta función conlleva ciertos riesgos. En particular, si el GPT se comparte públicamente o mediante un enlace, existe la posibilidad de que terceros accedan a los archivos de conocimiento que hayas subido o a las instrucciones de configuración, lo cual podría comprometer la seguridad de tu información. Por esta razón, es importante evaluar cuidadosamente su uso y ser consciente de los posibles riesgos asociados.

En definitiva, cada una de estas funciones añade un nivel de personalización y potencia nuestros GPT. Sin embargo, con grandes capacidades vienen también grandes responsabilidades, y es importante conocer y considerar estos factores antes de decidir cómo configurar tu GPT.

5.2.5. Acciones en GPT

Las acciones en GPT son funciones avanzadas que permiten a los GPT interactuar con aplicaciones o servicios externos. Estas acciones actúan como una especie de «puente» entre el modelo de ChatGPT y el mundo real, lo que permite que el GPT realice tareas fuera del entorno de texto puro de ChatGPT. Esto se logra a través de la integración con API de terceros, las cuales facilitan operaciones automatizadas, como acceder a bases de datos, realizar compras en línea, enviar correos electrónicos o incluso consultar otros servicios web de manera dinámica.

Por ejemplo, si estás creando un GPT que necesita consultar precios actualizados de productos en una tienda *online,* puedes integrar una acción que conecte con la API de la tienda. De este modo, el GPT puede consultar en tiempo real los datos que le permitan responder con precisión a las consultas sobre precios, disponibilidad o características de los productos.

Aunque este proceso suele requerir conocimientos de programación, existen herramientas sin código, como Actionize, que simplifican la configuración. Esta plataforma facilita la integración de aplicaciones, lo que permite conectar GPT a miles de *apps* sin necesidad de conocimientos técnicos avanzados.

Este aspecto hace que los GPT se vuelvan verdaderos «asistentes digitales», capaces de llevar a cabo tareas complejas y personalizadas con el mínimo de intervención manual, lo que potencia la automatización en cualquier tipo de flujo de trabajo.

5.3. Análisis de datos

El análisis de datos es un proceso esencial, que consiste en examinar, limpiar y transformar datos, con el objetivo de extraer información útil, llegar a conclusiones y apoyar la toma de decisiones. Imagina que tienes un rompecabezas con miles de piezas dispersas; el análisis de datos es el método por el cual organizas esas piezas para ver la imagen completa, lo cual te ayuda a entencer mejor lo que tienes delante y a tomar decisiones basadas en esa comprensión. En un mundo donde generamos enormes cantidades de datos cada día, desde las estadísticas de uso de una aplicación, hasta los resultados de encuestas de satisfacción del cliente, el análisis de datos nos permite filtrar el ruido, identificar tendencias, prever comportamientos y mejorar procesos en casi cualquier dominio imaginable.

A lo largo de este libro, hemos explorado diversas facetas de ChatGPT. Ahora, nos centraremos en una aplicación especialmente potente: el análisis de datos. ChatGPT no es solo un buen conversador; también es una herramienta que permite manejar y analizar datos. Su capacidad para procesar y entender tanto información estructurada como no estructurada lo convierte en un aliado cuando se trata de la exploración de datos. ChatGPT puede interactuar con conjuntos de datos, ya sea extrayendo información clave, realizando análisis descriptivos o incluso generando nuevas perspectivas a partir de los datos proporcionados. Además, actualmente tenemos la capacidad de cargar directamente archivos, contemos o no con una suscripción a ChatGPT Plus. Anteriormente, esta función de carga de archivos era exclusiva de los usuarios Plus. Sin embargo, hoy día cualquiera puede, aunque el plan gratuito tiene una limitación en cuanto al número de archivos que se pueden subir. Formatos de archivos soportados actualmente son: TXT, PDF, DOC, DOCX, JPEG, PNG, MP4, AVI, CSV, JSON, XML, XLS, XLSX, CPP, PY, HTML, DB o SQLite, entre otros.

Esta capacidad de cargar archivos y manipular datos de manera interactiva abre nuevas posibilidades para usuarios de todos los niveles: desde investigadores que buscan descifrar complejas bases de datos académicas, hasta empresas que necesitan análisis de mercado rápidos y fiables. En las siguientes páginas, desglosaremos cómo aprovechar estas capacidades de ChatGPT para transformar datos crudos en decisiones informadas y estrategias efectivas.

5.3.1. Limitaciones de los LLM para el análisis de datos

Antes de continuar, es fundamental comprender las limitaciones y consideraciones de seguridad necesarias al utilizar estas herramientas en el análisis de datos:

- **Comprensión contextual:** ChatGPT puede enfrentarse a dificultades para entender el contexto completo o captar detalles específicos críticos para un análisis detallado.

- **Desafíos con grandes volúmenes de datos:** el manejo de bases de datos extensas puede ser problemático para ChatGPT, afectando a su eficacia en análisis extensos.

- **Riesgos de seguridad de los datos:** al cargar datos en ChatGPT, existe el riesgo de que estos puedan ser expuestos o mal utilizados, debido a brechas de seguridad.

- **Uso de datos en entrenamiento de modelos:** los datos subidos pueden ser utilizados en el entrenamiento del modelo, lo que plantea preocupaciones, si se trata de información sensible o confidencial.

Estas limitaciones y riesgos son esenciales para considerar al emplear ChatGPT en el análisis de datos, lo que garantiza que se minimicen los riesgos y se maximicen los beneficios de su uso. A continuación, exploraremos cómo preparar los datos adecuadamente y formular preguntas efectivas.

5.3.2. Metodología para el análisis de datos

El uso efectivo de ChatGPT para el análisis de datos requiere una preparación adecuada de los datos, así como la formulación precisa de preguntas y técnicas para la interpretación de resultados. A continuación, detallamos cada uno de estos pasos clave.

Preparación de los datos

Antes de utilizar ChatGPT para el análisis de datos, es crucial asegurarse de que los datos estén bien organizados y limpios. Esto incluye:

1.   **Limpieza de datos:** eliminar o corregir datos erróneos o incompletos.

2.   **Estructuración de datos:** organizar los datos de manera que ChatGPT pueda interpretarlos fácilmente. Esto puede implicar la conversión de datos no estructurados en formatos más estructurados o la simplificación de datos complejos.

3.   **Anonimización de datos sensibles:** si los datos contienen información sensible, es importante anonimizar estos datos, para proteger la privacidad, antes de subirlos a la plataforma.

Interrogación y manipulación de datos

Formular preguntas y comandos a ChatGPT es un arte que requiere claridad y precisión para obtener los mejores resultados:

1.   **Formulación clara de preguntas:** las preguntas deben ser específicas y directas, para evitar ambigüedades; por ejemplo, en lugar de preguntar «¿Qué puedes decirme de estos datos?», sería más efectivo preguntar «¿Cuál es la tendencia de ventas mostrada por estos datos para el tercer trimestre del año pasado?».

2.   **Comandos específicos para tareas de análisis:** se utilizan comandos que dirijan a ChatGPT a realizar análisis específicos, como cálculos de estadísticas descriptivas, correlaciones o incluso predicciones basadas en modelos estadísticos.

Visualización e interpretación de resultados

Finalmente, la parte más importante es la correspondiente a interpretar y visualizar los resultados. Esta es una labor fundamental para aprovechar al máximo el análisis de datos realizado con ChatGPT y recae directamente sobre nosotros:

1.   **Interpretación de respuestas:** entender las respuestas de ChatGPT y cómo se relacionan con las preguntas planteadas y los datos proporcionados.

2. **Uso de herramientas de visualización:** aunque ChatGPT nos puede generar sus propios gráficos, podríamos utilizar herramientas externas, para visualizar los resultados proporcionados, para ayudar a entender mejor los patrones y tendencias en los datos.

5.3.3. Aplicaciones y un *prompt* de regalo

Las aplicaciones de ChatGPT Plus en el análisis de datos son tan variadas como la imaginación y las necesidades específicas de cada usuario: desde el análisis de riesgos, que permite a los profesionales financieros evaluar la viabilidad y las amenazas de inversiones potenciales, hasta el desarrollo de productos, donde las empresas pueden anticipar la recepción del mercado a sus innovaciones. En educación, los datos sobre el rendimiento estudiantil pueden ser analizados para personalizar los métodos de enseñanza y, en la gestión de proyectos, la optimización de recursos se hace posible, al identificar eficientemente los cuellos de botella operativos. Estos son solo algunos ejemplos, y hay muchos más donde la creatividad y las necesidades individuales pueden llevar el uso de esta herramienta a nuevos horizontes.

Para ilustrar el potencial de ChatGPT en el análisis de datos y facilitar una aplicación directa de los conceptos aprendidos, hemos preparado un ejemplo de *prompt* que los usuarios podrán acceder a través de un código QR. Este *prompt* está diseñado para simplificar el análisis de cualquier conjunto de datos que deseen explorar.

El *prompt* proporcionado está en inglés, lo que permite aprovechar al máximo las capacidades de procesamiento del modelo. Sin embargo, se puede solicitar que las respuestas sean entregadas en español, o puedes traducir el *prompt* al español directamente utilizando ChatGPT, por ejemplo.

Figura 13. QR prompt *análisis de datos. Fuente: autoría propia.*

Para finalizar, es importante destacar que, aunque ChatGPT puede realizar un análisis de datos de forma rápida y efectiva, en realidad, cualquier persona con un nivel medio de conocimientos también podría hacerlo.

5.3.4. Caso práctico

Para poner en práctica lo aprendido sobre el análisis de datos utilizando ChatGPT, proponemos un ejercicio interactivo, donde podrás analizar diferentes tipos de datos personales para descubrir patrones, optimizaciones y mejoras en tu vida cotidiana. A continuación, te presentamos tres opciones entre las cuales puedes elegir, dependiendo de los datos a los que tengas acceso y tu interés personal.

1. Análisis de finanzas personales

Utiliza ChatGPT para analizar tus transacciones bancarias (previamente exportadas y anonimizadas, para eliminar cualquier información personal). Al subir estos datos a ChatGPT o copiar y pegarlos en la plataforma, podrás pedirle que identifique patrones de gasto, áreas donde podrías estar gastando más de lo necesario, y obtener recomendaciones sobre cómo optimizar tus gastos.

2. Evaluación de consumo de energía

Si tienes acceso a tus facturas de luz digitalizadas, ChatGPT puede ayudarte a entender tu consumo energético. Al proporcionarle esta información, la herramienta podría analizar tus patrones de consumo mensuales, identificar máximos anormales de uso y ofrecer consejos prácticos para mejorar la eficiencia energética en tu hogar.

3. Optimización de desplazamientos

Para aquellos que utilizan aplicaciones como Google Maps para sus desplazamientos, ChatGPT puede analizar los datos de tus viajes para sugerir mejoras en eficiencia. Esto incluye recomendaciones sobre cambiar rutas habituales, seleccionar otros horarios para evitar congestiones o explorar alternativas de transporte más eficientes.

Instrucciones para el ejercicio

1. **Selecciona una categoría de datos:** escoge entre finanzas personales, consumo de energía o desplazamientos, basándote en la disponibilidad y relevancia de tus datos.
2. **Prepara tus datos:** asegúrate de que los datos estén libres de información personal sensible y estén en un formato que ChatGPT pueda procesar fácilmente.
3. **Interactúa con ChatGPT:** sube tus datos a ChatGPT o ingresa la información manualmente y formula preguntas específicas, para explorar los aspectos que más te interesen. También puedes usar el *prompt* proporcionado anteriormente.

Este caso práctico no solo te permitirá aplicar los conocimientos adquiridos en este apartado, sino que también te proporcionará conocimientos prácticos, que podrías aplicar para mejorar aspectos concretos de tu vida diaria.

5.4. Excel en ChatGPT

La integración de ChatGPT con Excel representa una nueva forma de trabajar con hojas de cálculo. Ya no es necesario perder tiempo buscando tutoriales o fórmulas en Google; con un simple *prompt,* puedes resolver problemas, aprender algo nuevo y mejorar tu flujo de trabajo.

Usar ChatGPT para Excel tiene beneficios claros. Por un lado, reduce los errores, ya que sus sugerencias son precisas y consistentes. Además, ahorra tiempo, al permitr pasar de una idea a una solución en minutos, ya sea una fórmula, un análisis o incluso una macro. Y lo mejor: mientras resuelve tus dudas, también te enseña, convirtiendo cada consulta en una oportunidad para aprender algo útil.

Con estas ventajas, la IA no solo simplifica tareas, sino que cambia la forma en la que abordamos los desafíos. A lo largo de este capítulo, veremos cómo aprovechar esta herramienta para sacarle el máximo partido a Excel.

5.4.1. Generación y explicación de fórmulas/funciones de Excel

Uno de los mayores beneficios de usar ChatGPT con Excel es su capacidad para trabajar con fórmulas y funciones: desde las más simples, hasta las más complejas. Puedes describirle tu problema y dejar que genere fórmulas anidadas, combinaciones lógicas o funciones de búsqueda adaptadas a tus necesidades. Si te encuentras con una fórmula que no entiendes, ChatGPT puede explicarte paso a paso su funcionamiento, sintaxis y uso práctico.

Además, si tienes una fórmula que funciona, pero es demasiado complicada o difícil de mantener, ChatGPT puede ayudarte a optimizarla o incluso a sugerir alternativas más eficientes. Todo esto te ahorra tiempo, facilita el aprendizaje de nuevas funciones y reduce la posibilidad de cometer errores en el proceso.

Ejemplo real 1: cálculo de ventas semanales

Una persona lleva la contabilidad básica de un pequeño negocio. Supongamos que quiere calcular el total de ventas semanales, pero sus datos están en varias columnas, con distintos productos y precios.

```
Prompt - Tengo ventas diarias de varios productos en
distintas columnas y necesito sumar únicamente aquellas
que superen los 100 € por unidad vendida.
```

ChatGPT – Puedes usar la formula SUMPRODUCT o SUMIFS, por ejemplo:

=SUMIFS(DatosVentas[TotalVentas];
DatosVentas[PrecioUnitario]; ">100").

Adicionalmente, ChatGPT explica cómo funciona la fórmula, la lógica detrás de cada argumento y cómo adaptarla a diferentes rangos. Esto permite no solo resolver el problema inmediato, sino también aplicar el conocimiento adquirido en futuros casos similares.

Ejemplo real 2: extraer las tres últimas cifras de un código

Un usuario necesita extraer las tres últimas cifras de un código, cuando este contiene dos guiones en el campo.

Prompt – Dame una fórmula que me dé las tres últimas cifras de un código cuando existan dos guiones en el campo. En Excel, el dato está en la celda D91.

ChatGPT – En Excel, puedes usar la siguiente fórmula:

=EXTRAE(D91;ENCONTRAR("-";D91;ENCONTRAR("-";D91)+1)+1;3).

Explicación:

ENCONTRAR("-";D91): Encuentra la posición del primer guion.

ENCONTRAR("-";D91;ENCONTRAR("-";D91)+1): Encuentra la posición del segundo guion.

EXTRAE(D91;ENCONTRAR("-";D91;ENCONTRAR("-";D91)+1)+1;3): Extrae las tres cifras que están inmediatamente después del segundo guion.

Asegúrate de que, después del segundo guion, haya al menos tres dígitos, para que la fórmula funcione correctamente.

Aunque, personalmente, considero que tengo un buen nivel de Excel, he de admitir que me hubiese llevado tiempo dar con esta fórmula. Con ChatGPT, tardé menos de un minuto en conseguir el resultado que buscaba.

5.4.2. **Asistencia en la manipulación de datos y transformación**

Cuando trabajamos con grandes volúmenes de datos, la limpieza y transformación puede ser un desafío. Aquí es donde ChatGPT marca la diferencia, ayudándote a normalizar, dividir, agrupar o filtrar datos, según lo que necesites. Si usas herramientas como Power Query, también puede sugerirte los pasos para aplicar transformaciones específicas o aprovechar sus funciones nativas.

Lo mejor de todo es que te ofrece orientación, sin que tengas que abandonar tu flujo de trabajo, identificando las herramientas adecuadas de Excel, para hacer el proceso más rápido y eficiente.

Ejemplo real: limpiar datos

Un estudiante universitario necesita limpiar datos obtenidos de una encuesta en línea con información duplicada y valores nulos.

El estudiante explica a ChatGPT: «Tengo una tabla con 500 filas y varias celdas vacías y duplicados. ¿Cómo puedo eliminar duplicados rápidamente y rellenar valores faltantes?».

ChatGPT le recomienda usar la función «Quitar duplicados» en la pestaña «Datos» de Excel para las entradas repetidas.

Para celdas vacías, le sugiere usar «Buscar y Seleccionar → Ir a Especial → Celdas en blanco» y, luego, usar alguna función lógica. O incluso sugiere el uso de Power Query, para cargar los datos, aplicar transformaciones (quitar duplicados o reemplazar nulos) y volver a cargar el resultado limpio a Excel.

5.4.3. Apoyo en la creación de macros y VBA

La programación en VBA puede parecer complicada, pero, con ChatGPT, automatizar procesos en Excel es mucho más sencillo. Puedes describirle la tarea que necesitas realizar, y te generará un borrador de macro para, por ejemplo, crear informes, importar datos o realizar cualquier proceso repetitivo.

Si ya tienes código VBA, también puede explicarlo línea por línea, corregir errores o sugerir mejoras. Incluso, si quieres adaptar una macro existente a nuevas necesidades, ChatGPT te orientará para hacerlo de forma eficiente.

Esto no solo acelera tu aprendizaje de VBA, sino que también reduce el tiempo perdido en pruebas y búsquedas, haciéndolo mucho más accesible para usuarios de cualquier nivel.

Ejemplo real: automatización de un informe diario

Imagina a un emprendedor que necesita generar un informe gráfico todos los días. Cada mañana recibe un archivo CSV con datos de ventas, lo abre en Excel y quiere que, con un solo clic, se genere automáticamente un gráfico con los resultados.

El emprendedor le pide a ChatGPT: «Necesito una macro en VBA que importe un archivo CSV llamado ventas_diarias.csv a la hoja actual, aplique un filtro, genere una tabla dinámica y cree un gráfico de columnas con los resultados».

ChatGPT responde generando un código básico:

```vba
Sub GenerarInforme()

    ' Importar CSV

    Workbooks.Open
Filename:="C:\ruta\ventas_diarias.csv"

    ActiveSheet.UsedRange.Copy
ThisWorkbook.Sheets("Datos").Range("A1")
```

```
ActiveWorkbook.Close False
' Crear tabla dinámica
' (Código sugerido para crear una tabla dinámica en
otra hoja)
' …
' Insertar gráfico
' (Código sugerido para insertar y dar formato a un
gráfico)
' …
End Sub
```

Además, ChatGPT le explica al emprendedor cómo ajustar rutas, nombres de hojas y columnas, según sus necesidades específicas.

Este tipo de apoyo tiene beneficios claros: por un lado, el emprendedor ahorra tiempo, al no tener que escribir el código desde cero ni buscar fragmentos en foros; por otro, parte de una base funcional, que puede modificar y mejorar con facilidad, lo que le dota de confianza para trabajar con VBA, incluso si no es un experto.

5.4.4. Análisis de datos y generación de reportes

ChatGPT puede ser un gran aliado para quienes trabajan con análisis de datos y necesitan presentar información de manera clara y visualmente atractiva. Desde recomendar métodos de análisis adecuados, hasta explicar cómo utilizar herramientas avanzadas, como tablas dinámicas y gráficos personalizados, esta IA nos facilita cada paso del proceso.

Si describes una situación concreta, ChatGPT puede sugerir funciones analíticas específicas, tablas dinámicas o gráficos que se ajusten a tus necesidades. Además, si trabajas con datos externos provenientes de plataformas como CSV, SQL o APIs, ChatGPT puede guiarte en los pasos para importar, limpiar y analizar esa información de manera integrada.

El resultado es una orientación integral: desde la obtención de los datos, hasta la presentación final. Esto no solo mejora la calidad del análisis mediante la incorporación de mejores prácticas, sino que también agiliza el proceso, lo que ahorra tiempo y esfuerzo.

Ejemplo real: comparar el rendimiento de campañas publicitarias

Imagina a un analista de *marketing* que necesita evaluar el impacto de una campaña publicitaria en distintas regiones. Cuenta con una hoja de datos que incluye clics, conversiones, costes por clic y segmentos geográficos.

El analista consulta a ChatGPT: «¿Qué tipo de gráfico o análisis puedo aplicar para comparar el coste por conversión en distintas regiones y detectar dónde estoy teniendo mayor rendimiento?».

ChatGPT responde sugiriendo lo siguiente: `Crear una tabla dinámica que agrupe los datos por región, mostrando la suma de conversiones y el coste medio por clic.`

`Utilizar un gráfico de columnas apiladas o un gráfico de barras horizontales, para visualizar mejor las diferencias entre regiones.`

`Añadir una segmentación por fecha, para analizar tendencias temporales y detectar patrones a lo largo del tiempo.`

Gracias a estas recomendaciones, el analista no solo acelera la fase de análisis, sino que también obtiene ideas claras sobre cómo representar visualmente los datos e identificar indicadores clave, sin necesidad de ser un experto en todas las herramientas de Excel.

5.4.5. **Subir o trabajar con archivos Excel en ChatGPT**

Una de las funcionalidades más interesantes de ChatGPT es la posibilidad de subir archivos como Excel o CSV, para que la IA analice directamente su contenido. Esta capacidad abre un abanico de posibilidades, especialmente para quienes buscan realizar análisis rápidos o explorar nuevas perspectivas, sin necesidad de conocimientos avanzados.

Al trabajar con un archivo subido, ChatGPT puede interpretar celdas, columnas y tablas completas, lo que te ayuda a identificar patrones, formular hipótesis o sugerir fórmulas. Además, puedes marcar celdas específicas y trabajar de forma más ágil, evitando la tediosa tarea de copiar y pegar datos entre aplicaciones. Aunque, por supuesto, esta funcionalidad no alcanza la potencia y flexibilidad de trabajar directamente en Microsoft Excel, puede ser una solución eficaz en determinadas situaciones.

Las ventajas son claras: permite realizar un análisis preliminar rápido, detectar errores en los datos originales y obtener resultados, sin necesidad de dominar fórmulas avanzadas.

Ejemplo real: estadísticas rápidas para un profesor

Un profesor tiene un archivo Excel con las calificaciones finales de sus alumnos y necesita calcular estadísticas básicas, como la media, la mediana y la desviación estándar. En lugar de construir él mismo las fórmulas, decide utilizar ChatGPT.

El profesor consulta: «He subido un archivo con las notas de los alumnos. Dime cuál es la nota media, la mediana y la desviación estándar de la columna de "Calificaciones finales"».

ChatGPT analiza el archivo y devuelve:

```
Promedio: 7,5

Mediana: 8

Desviación estándar: 1,2
```

Además, la IA explica cómo realizar estos cálculos manualmente en Excel utilizando fórmulas como `=AVERAGE(rango)`, `=MEDIAN(rango)` y `=STDEV.S(rango)`, lo que asegura que el profesor pueda replicar el proceso, si lo necesita.

5.4.6. *Add-ins* en Excel, más allá de ChatGPT

Además de las funcionalidades de ChatGPT, los complementos o *add-ins* disponibles para Excel amplían significativamente las posibilidades de trabajo con IA dentro de esta herramienta. Estos complementos permiten automatizar tareas, generar contenido en masa y simplificar flujos de trabajo directamente desde la interfaz de Excel. A continuación, destacamos tres de los más populares.

GPT for Excel and Word

Este complemento integra modelos de OpenAI, como GPT-4 y GPT-3.5, en Excel y Word. Permite ejecutar *prompts* directamente en celdas, aplicar fórmulas basadas en IA a múltiples filas y columnas y realizar tareas como traducir, clasificar, extraer datos o resumir textos en masa. En Word, ofrece un panel de chat, para interactuar con el documento, ideal para editar, resumir o traducir contenido. Además, este complemento asegura que los datos no se utilicen para entrenar modelos, lo que proporciona una mayor privacidad.

ChatGPT for Excel

Diseñado para mejorar la productividad, este complemento ofrece funciones avanzadas como crear tablas con IA, traducir contenido, limpiar y completar datos y generar listas o formatos consistentes. También incluye la capacidad de trabajar con modelos Claude, que ofrecen una ventana de contexto más amplia, para procesar grandes volúmenes de datos. Su flexibilidad lo hace ideal tanto para tareas individuales como para equipos.

Autopilot

Este complemento lleva la integración de ChatGPT a un nivel avanzado, de modo que permite trabajar con IA en Excel, Word y PowerPoint. Ofrece funciones para generar contenido, realizar análisis y automatizar procesos, con compatibilidad en múltiples dispositivos, incluidos Windows, Mac y web. Además, admite modelos como GPT-4, Claude y Google Gemini, lo que amplía sus capacidades para proyectos con diversidad de requerimientos.

5.5. Extensiones para potenciar ChatGPT

A lo largo del libro, hemos visto una amplia variedad de casos de uso para ChatGPT que, ya de por sí solo, ofrece muchas posibilidades. Lo mejor de todo es que, además, se puede integrar con otras herramientas, añadiendo extensiones, de forma que las funcionalidades se multiplican. Estas extensiones te permitirán aprovechar al máximo tu experiencia. A continuación, vamos a ver algunas de las principales.

5.5.1. AIPRM for ChatGPT

AIPRM ofrece plantillas de *prompts* para ChatGPT, de manera que facilita el proceso de hacer preguntas. Hay plantillas de la comunidad AIPRM y puedes guardar las tuyas. Aunque la mayoría son sobre SEO y *marketing,* podemos encontrar todo tipo de ellas.

5.5.2. HARPA AI

HARPA AI es una herramienta que nos permite aplicar la potencia de ChatGPT a múltiples tareas dentro de nuestro navegador; por ejemplo, podemos usarlo para responder a correos electrónicos y publicaciones en redes sociales, resumir el contenido de cualquier artículo web o reescribir cualquier texto que deseemos publicar, sin necesidad de estar accediendo a la web de ChatGPT. Además, mostrará las respuestas de ChatGPT a nuestras búsquedas en la misma página de resultados del buscador. También es capaz de extraer datos/precios/palabras clave SEO de páginas web. Por si fuera poco, incluye funciones ajenas a ChatGPT, como la capacidad de monitorizar la variación de precios de productos de Amazon.

5.5.3. TweetGPT

Si queremos usar ChatGPT para responder a tuits en nuestro navegador sin necesidad de una extensión todo-en-uno, TweetGPT es la solución ideal. Con este complemento, aparecerá el icono de un robot en la interfaz web de X, que generará automáticamente nuestro tuit analizando el contenido del que estamos respondiendo.

5.5.4. ShareGPT

En algunas ocasiones, nos gustaría compartir en línea una de las conversaciones que mantenemos con ChatGPT, para que otros usuarios puedan acceder a ella. La captura de pantalla o el pegar y copiar suelen ser malos sistemas para ello, especialmente si la conversación es larga. Por eso, ShareGPT nos permite crear un respaldo público de la conversación dentro de su propia plataforma, manteniendo el formato original.

5.5.5. Summarize

Si quieres que tu navegador resuma cualquier página web que estés viendo, así como cualquier vídeo de YouTube, con solo pulsar un botón, Summarize es la extensión que necesitas. Ni siquiera tendremos que cambiar de pestaña para leer el resumen: este se generará en una pequeña venta superpuesta a la web.

5.5.6. ChatGPT Writer

Con la extensión ChatGPT Writer, podemos crear correos electrónicos y mensajes de respuesta con solo un clic, siempre y cuando proporcionemos el texto original. Esta extensión se integra especialmente bien con Gmail, aunque es compatible con cualquier otra plataforma de correo electrónico web.

5.5.7. Promptheus

Promptheus añade una función valiosa a ChatGPT, permitiéndole recibir entrada de voz, transformando el *chatbot* en un asistente de voz útil, como Siri.

5.5.8. Merlín

Merlín es una extensión de ChatGPT impulsada por Open AI, que funciona en todo el navegador. Consistentemente, responde a diversas instrucciones basadas en el modelo de IA GPT de Open AI.

CAPÍTULO 6
Nivel experto

6.1. Configuración de parámetros

Aunque la interfaz de ChatGPT es sencilla y fácil de usar, detrás de ella se encuentra un modelo muy complejo, con múltiples parámetros y configuraciones. Aunque la mayoría de las veces el modelo trabaja de manera óptima con su configuración predeterminada, es interesante conocer algunos de los parámetros clave que influyen en su comportamiento. En este capítulo, exploraremos tres de estos parámetros (temperatura, Top-P y Top-K), para entender cómo afectan el funcionamiento de los modelos GPT y qué pueden aportar a la hora de personalizar la generación de respuestas.

6.1.1. Temperatura

La «temperatura» es uno de los parámetros más importantes que puedes ajustar en ChatGPT. Con este parámetro, se controla el grado de aleatoriedad en las respuestas generadas por el modelo. En términos simples, una temperatura más alta dará lugar a respuestas más variadas y creativas, mientras que una temperatura más baja producirá respuestas más predecibles y coherentes.

El rango de la temperatura en ChatGPT va de 0 a 1. Un valor de temperatura de 0 hará que ChatGPT elija siempre la palabra más probable en cada paso, resultando en respuestas muy coherentes, pero potencialmente menos creativas. Por otro lado, un valor de temperatura de 1 hará que ChatGPT genere respuestas con una mayor diversidad de palabras, lo que puede llevar a respuestas más creativas, pero también más impredecibles; por ejemplo, si le pides a ChatGPT que genere una historia con una temperatura de 0.2, es probable que obtengas una historia muy coherente y centrada. Sin embargo, si ajustas la temperatura a 0.8, la historia generada podría ser más variada y sorprendente, aunque también podría ser menos coherente.

Para ajustar la temperatura en ChatGPT, simplemente, debes especificarle el valor de la temperatura que deseas cuando redactas el *prompt* o instrucción, como se muestra en el siguiente ejemplo:

Prompt - Había una vez, en un reino lejano, un valiente caballero llamado sir Lancelot. Continúa la historia, con temperatura = 0.1.

ChatGPT - Había una vez, en un reino lejano, un valiente caballero llamado sir Lancelot. Era conocido en todo el reino por su valentía y coraje. Todos los días, salía a cabalgar en su fiel corcel para proteger el reino de cualquier amenaza.

Por otro lado, si ajustamos la temperatura a 0.9, la historia podría ser más variada y sorprendente.

ChatGPT - Había una vez, en un reino lejano, un valiente caballero llamado sir Lancelot. Un día, descubrió un portal oculto en la biblioteca del castillo que conducía a un mundo lleno de animales parlantes y criaturas mágicas.

Recuerda que una temperatura más alta puede llevar a respuestas más creativas, pero también más impredecibles, mientras que una temperatura más baja puede producir respuestas más coherentes, pero potencialmente menos creativas.

En resumen, la temperatura es una herramienta para controlar el equilibrio entre la coherencia y la creatividad en las respuestas de ChatGPT. Al ajustar este parámetro, puedes personalizar ChatGPT para adaptarse a tus necesidades específicas.

6.1.2. Top-K y Top-P

En la arquitectura GPT, existen dos hiperparámetros ajustables que desempeñan un papel crucial en la generación de texto: Top-K y Top-P. Estas técnicas son utilizadas para mejorar la coherencia y controlar la creatividad de las respuestas generadas por el modelo.

Top-K y Top-P son técnicas de muestreo, que permiten a los usuarios ajustar la precisión y la diversidad de las respuestas generadas. En otras palabras, te permiten controlar cuán «seguro» o «aventurado» es el modelo al generar texto. Dependiendo del contexto y del nivel de control deseado, puedes optar por utilizar Top-K, Top-P o, incluso, una combinación de ambos para obtener resultados óptimos; por ejemplo, si estás buscando respuestas muy específicas y precisas, podrías optar por utilizar Top-K. Por otro lado, si estás buscando respuestas más diversas y creativas, podrías optar por utilizar Top-P.

Pero ¿qué son exactamente Top-K y Top-P? ¿Cómo funcionan y cómo puedes ajustarlos en ChatGPT? En las siguientes páginas, vamos a desglosar estos conceptos y te mostraremos cómo puedes utilizarlos para personalizar la generación de texto en ChatGPT.

En cuanto a Top-K, este parámetro desempeña un papel crucial en la determinación de la variedad de palabras que el modelo puede considerar al generar respuestas. Al ajustar Top-K, estás indicando al modelo cuántas de las palabras más probables debe considerar en cada paso de la generación de texto. Un valor bajo de K, como $K = 1$, limitará al modelo a seleccionar solo la palabra más probable, lo que puede resultar en respuestas más precisas, pero menos creativas.

Por otro lado, un valor alto de K, como K = 2000, permitirá al modelo considerar un conjunto más amplio de palabras, lo que puede dar lugar a respuestas más creativas y diversas. El valor máximo de K será el tamaño del vocabulario que desees en las respuestas; es decir, K será el número total de palabras únicas en el vocabulario.

Por ejemplo, si ajustas Top-K a 50 000, el modelo considerará hasta 50 000 palabras diferentes al generar respuestas. También puedes definir Top-K como un porcentaje del vocabulario que el modelo utilizará para las respuestas; por ejemplo, si ajustas Top-K al 90 %, el modelo considerará el 90 % de las palabras más probables en su vocabulario. Top-K es una técnica tanto para limitar la salida y evitar respuestas incoherentes, como para expandir la creatividad en ChatGPT. Al ajustar este parámetro, puedes personalizar la coherencia y la diversidad de las respuestas de ChatGPT para adaptarse a tus necesidades específicas.

Para ajustar Top-K en ChatGPT, simplemente, debes indicárselo en tu instrucción; por ejemplo, pidámosle que complete la frase «El cielo es...», con un Top-K de 1.

ChatGPT - El cielo es azul.

Ahora, pidámosle que complete la misma frase, pero con un Top-K de 50 000.

ChatGPT - El cielo es un manto de tranquilidad, un lienzo de tonos cambiantes que refleja el paso del tiempo, desde el amanecer hasta el anochecer y, luego, se llena de estrellas en la noche.

Como se puede observar en los ejemplos anteriores, la diferencia entre un valor bajo y un valor alto de Top-K es notable. Un valor bajo de Top-K, como 1, limita al modelo a seleccionar siempre la palabra más probable, lo que puede resultar en respuestas más predecibles, pero potencialmente menos creativas. Por otro lado, un valor alto de Top-K, como 50 000, permite al modelo considerar un conjunto mucho más amplio de palabras, lo que puede dar lugar a respuestas más creativas y diversas, aunque también más impredecibles. En resumen, ajustar el valor de Top-K te permite controlar el equilibrio entre la coherencia y la creatividad en las respuestas generadas por ChatGPT.

Top-P es otra técnica de muestreo, que puedes ajustar en los modelos de lenguaje basados en la arquitectura GPT, como ChatGPT. Con este hiperparámetro, se seleccionan las palabras basándose en su probabilidad acumulada, lo que puede dar lugar a respuestas más diversas y creativas.

Los valores de Top-P pueden variar de 0 a 1. Un valor bajo de P, como $P = 0.1$, limitará las opciones a las palabras más probables, lo que puede resultar en respuestas más coherentes y concretas. Por otro lado, un valor alto de P, como $P = 0.9$, permitirá una mayor diversidad en la generación de palabras para las respuestas, lo que puede dar lugar a respuestas más creativas y diversas; por ejemplo, si ajustas Top-P a 0.1, el modelo se limitará a seleccionar palabras que, en conjunto, sumen una probabilidad del 10 %. Esto puede resultar en respuestas más predecibles. Sin embargo, si ajustas Top-P a 0.9, el modelo considerará un conjunto de palabras que, en conjunto, sumen una probabilidad del 90 %, lo que puede dar lugar a respuestas más creativas.

Para ajustar Top-P en ChatGPT, tan solo necesitas especificar el valor de Top-P cuando redactas la instrucción. Si ajustamos Top-P a 0.1, el modelo se limitará a seleccionar palabras que, en conjunto, sumen una probabilidad del 10 %; por ejemplo, si le pides a ChatGPT que complete la frase «La manzana es...», con un Top-P de 0.1, es muy probable que obtengas una respuesta como «La manzana es roja».

Por otro lado, si ajustamos Top-P a 0.9, el modelo considerará un conjunto de palabras que, en conjunto, sumen una probabilidad del 90 %. Si le pides a ChatGPT que complete la misma frase «La manzana es...», con un Top-P de

0.9, podrías obtener una respuesta más creativa, como «La manzana es el emblema de la tentación y el conocimiento». En resumen, Top-P es una herramienta poderosa para controlar la diversidad y la creatividad en las respuestas de ChatGPT. Al ajustar este parámetro, puedes personalizar ChatGPT para adaptarse a tus necesidades específicas.

¿Y cuál es la diferencia?

Entender la diferencia entre Top-K y Top-P puede ser un poco complicado, así que vamos a simplificarlo con una analogía. Imagina que estás jugando con un juguete que puede decir muchas palabras, pero solo quieres escuchar las palabras más interesantes y no todas las que tiene. Aquí es donde entran en juego estos dos parámetros.

Puedes pensar en Top-K como si le dijeras al juguete: «Muéstrame solo las tres palabras más interesantes». El juguete, entonces, seleccionará y te mostrará solo las tres palabras más probables, ignorando todas las demás.

Por otro lado, Top-P es como si le dijeras al juguete: «Enséñame palabras interesantes, pero solo si esas palabras tienen suficiente probabilidad». Entonces, el juguete te mostrará palabras una por una y, cuando las probabilidades de las palabras que te muestra sumen una cantidad que tú decidas, dejará de mostrar más palabras.

En resumen, Top-K y Top-P son dos técnicas diferentes para controlar la diversidad y la coherencia de las respuestas generadas por ChatGPT. Top-K limita el número de palabras que el modelo puede considerar, mientras que Top-P limita las palabras basándose en su probabilidad acumulada. Ambos parámetros te permitirán personalizar la generación de texto en ChatGPT.

6.2. Ingeniería de *prompts* avanzada

Hasta ahora, hemos explorado los conceptos básicos y cómo utilizar ChatGPT de manera sencilla. En este capítulo, exploraremos técnicas avanzadas para utilizar esta herramienta. Veremos técnicas de ingeniería de *prompts* avanzadas y algunos ejemplos de *prompts* que te permitirán sacar el máximo provecho de ChatGPT.

Está demostrado que la ingeniería de *prompts* ayuda a diseñar y mejorar eficazmente los *prompts* para obtener mejores resultados en diferentes tareas con LLM (Brown *et al.,* 2020). Es por este motivo que, a continuación, veremos 10 técnicas de *prompting* que te podrán ser de utilidad. Aunque no es necesario poner todas ellas en práctica, te servirán para comprender mejor el funcionamiento de los LLM.

6.2.1. *Zero-shot prompting*

Hoy día, los modelos de LLM, como GPT-3.5 Turbo, GPT-4 y Claude 3, están ajustados para seguir instrucciones y están entrenados con grandes cantidades de datos. El entrenamiento a gran escala hace que estos modelos sean capaces de realizar algunas tareas de manera *zero-shot*. El *prompting zero-shot* significa que el *prompt* usado para interactuar con el modelo no contendrá ejemplos ni demostraciones. Con el *prompt zero-shot,* se instruye directamente al modelo para realizar una tarea sin ejemplos adicionales que lo guíen.

Veamos, a continuación, un ejemplo de instrucción *zero-shot:*

`Prompt` - Clasifica el texto en neutral, negativo o positivo. Texto: Creo que las vacaciones están bien. Sentimiento:

`ChatGPT` — Neutral.

Observa que, en el *prompt* anterior, no proporcionamos al modelo ningún ejemplo de texto junto con sus clasificaciones; el LLM ya entiende «sentimiento». Esas son las capacidades *zero-shot*. Cuando el *zero-shot* no funciona, se recomienda proporcionar demostraciones o ejemplos en el *prompt,* lo que lleva al *few-shot prompting.*

6.2.2. *Few-shot prompting*

Aunque los modelos de lenguaje a gran escala demuestran capacidades notables en tareas sin ejemplos previos *(zero-shot),* aún presentan limitaciones en tareas más complejas, al usar esta configuración. El uso del *few-shot prompting* es una técnica donde proporcionamos demostraciones en el *prompt* para guiar al modelo hacia un mejor desempeño. Las demostraciones sirven como condicionamiento para ejemplos posteriores, en los que queremos que el modelo genere una respuesta.

Prompt - Un "whatpu" es un pequeño animal peludo nativo de Tanzania. Un ejemplo de una oración que usa la palabra whatpu es: Estábamos viajando en África y vimos estos whatpus muy lindos. "Hacer un 'farduddle'" significa saltar rápidamente arriba y abajo. Un ejemplo de una oración que usa la palabra farduddle es:

ChatGPT - Cuando ganamos el juego, todos empezamos a farduddle en celebración.

Según Touvron *et al.* (2023)[1], las propiedades de *few-shot* aparecieron por primera vez cuando los modelos se escalaron a un tamaño suficiente (Kaplan *et al.* 2020)[2]. Demostremos el *few-shot prompting* con un ejemplo presentado en Brown *et al.* (2020)[3]. En este ejemplo, la tarea es usar correctamente una nueva palabra en una oración.

Podemos observar que el modelo ha aprendido, de alguna manera, a cómo realizar la tarea proporcionándole solo un ejemplo (es decir, *1-shot*).

––––––––––––––––––––––––––––

[1] Touvron *et al.* (2023) – arxiv.org/pdf/2302.13971.
[2] Kaplan *et al.* (2020) – arxiv.org/abs/2001.08361.
[3] Brown *et al.* (2020) – arxiv.org/abs/2005.14165.

Para tareas más difíciles, podemos experimentar con aumentar las demostraciones (por ejemplo, *3-shot, 5-shot, 10-shot,* etc.).

Siguiendo los hallazgos de Min *et al.* (2022)[4], aquí hay algunos consejos adicionales sobre demostraciones/ejemplares al hacer *few-shot:*

- El espacio de etiquetas y la distribución del texto de entrada especificados por las demostraciones son ambos importantes (independientemente de si las etiquetas son correctas para las entradas individuales).
- El formato que uses también desempeña un papel clave en el rendimiento, incluso si solo usas etiquetas aleatorias; esto es mucho mejor que no usar etiquetas en absoluto.
- Resultados adicionales muestran que seleccionar etiquetas aleatorias de una distribución verdadera de etiquetas (en lugar de una distribución uniforme) también ayuda.

Probemos algunos ejemplos. Primero, intentemos un ejemplo con etiquetas aleatorias (significando que las etiquetas «negativo» y «positivo» se asignan aleatoriamente a las entradas):

Prompt - `¡Esto es increíble! // Negativo`

`¡Esto es malo! // Positivo`

`¡Guau, esa película fue genial! // Positivo`

`¡Qué espectáculo horrible! //`

ChatGPT - `Negativo`

Seguimos obteniendo la respuesta correcta, a pesar de que las etiquetas han sido aleatorizadas. Nótese que también mantuvimos el formato, lo que

---

[4] Min *et al.* (2022) – arxiv.org/abs/2202.12837.

también ayuda. De hecho, con más experimentación, parece que los modelos GPT más recientes con los que estamos experimentando se están volviendo más robustos, incluso a formatos aleatorios. Veamos el siguiente ejemplo:

Prompt – Positivo. ¡Esto es increíble!

¡Esto es malo! Negativo

¡Guau, esa película fue genial!

Positivo

¡Qué espectáculo horrible! –

ChatGPT - Negativo

No hay consistencia en el formato anterior, pero el modelo aún predijo la etiqueta correcta. En general, parece que proporcionar ejemplos es útil para resolver algunas tareas. Cuando el *zero-shot prompting* y el *few-shot prompting* no son suficientes, podría significar que lo que el modelo ha aprendido no es suficiente para realizar bien la tarea.

En el caso de que tengamos que enfrentarnos a tareas de razonamiento más complejas, podría ayudar si desglosamos el problema en pasos y demostramos el proceso al modelo. Esto se conoce como *chain-of-thought prompting,* una técnica que ha ganado mucha popularidad; de hecho, es la técnica en la que se inspira el modelo OpenAI o1.

6.2.3. *Chain-of-thought (CoT) prompting*

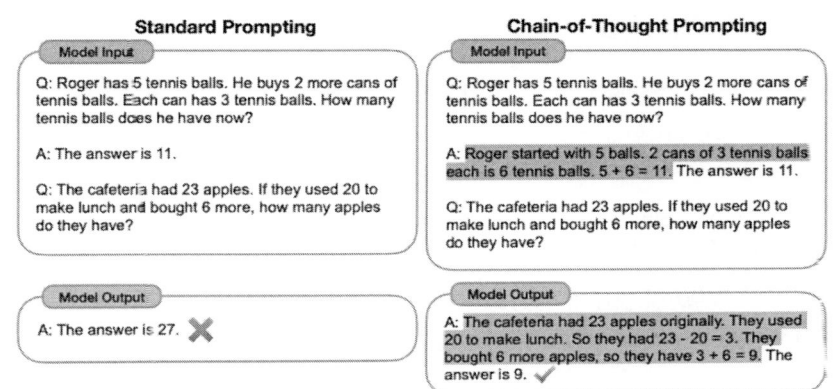

Figura 14. Comparación entre standard prompting *y* chain-of-thought prompting. *Fuente: Wei et al. (2022).*

Introducido en Wei *et al.* (2022)[5], con el *prompting* de cadena de pensamiento (*chain-of-thought,* CoT), habilitas capacidades de razonamiento complejo mediante pasos intermedios de razonamiento. Puedes combinarlo con el *prompting* de pocos ejemplos *(few-shot prompting),* para obtener mejores resultados en tareas más complejas que requieren razonamiento antes de responder.

Prompt - Los números impares en este grupo suman un número par: 4, 8, 9, 15, 12, 2, 1.

R: Sumando todos los números impares (9, 15, 1), da 25. La respuesta es Falso.

R:

---

[5] Wei *et al.* (2022) – arxiv.org/abs/2201.11903.

ChatGPT - Sumando todos los números impares (15, 5, 13, 7, 1) da 41. La respuesta es Falso.

Podemos ver un resultado perfecto cuando proporcionamos el paso de razonamiento. Ten en cuenta que los autores afirman que esta es una habilidad emergente que surge con modelos de lenguaje suficientemente grandes.

6.2.4. *Chain-of-thought* automático (Auto-CoT)

Al aplicar el *prompting* de cadena de pensamiento con demostraciones, el proceso implica crear manualmente ejemplos efectivos y diversos. Este esfuerzo manual podría llevar a soluciones que no sean las más optimas. Zhang *et al.* (2022)[6] proponen un enfoque para eliminar los esfuerzos manuales, aprovechando los LLM con el *prompt* «Pensemos paso a paso», para generar cadenas de razonamiento para las demostraciones una por una. Este proceso automático aún puede terminar con errores en las cadenas generadas. Para mitigar los efectos de los errores, la diversidad de las demostraciones es importante. Este trabajo propone Auto-CoT, que selecciona preguntas con diversidad y genera cadenas de razonamiento para construir las demostraciones. Auto-CoT consta de dos etapas principales:

- Agrupación de preguntas: particiona las preguntas de un conjunto de datos dado en unos pocos grupos.
- Muestreo de demostraciones: selecciona una pregunta representativa de cada grupo y genera su cadena de razonamiento utilizando *zero-shot-CoT* con heurísticas simples.

Las heurísticas simples podrían ser la longitud de las preguntas (por ejemplo, 60 *tokens*) y el número de pasos en el razonamiento (por ejemplo, 5 pasos de

---

[6] Zhang *et al.* (2022) – arxiv.org/abs/2210.03493.

razonamiento). Esto fomenta que el modelo utilice demostraciones simples y precisas. El proceso se ilustra a continuación.

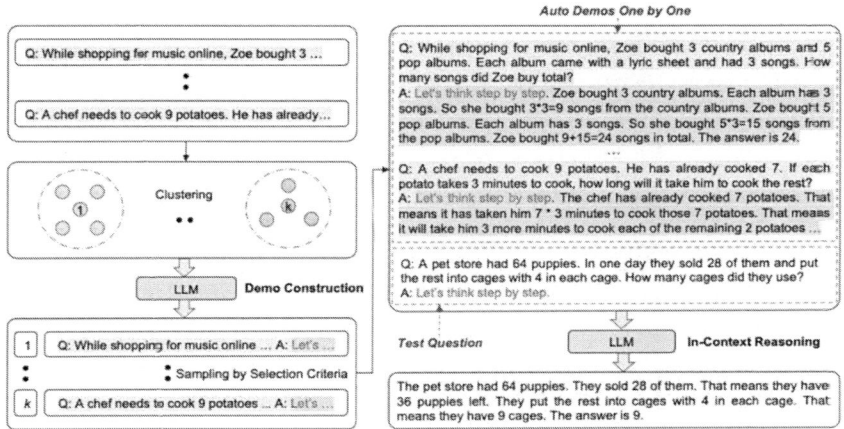

Figura 15. Construcción de demostraciones con Auto-CoT. Fuente: Zhang et al. (2022).

6.2.5. Encadenamiento de *prompts*

Para mejorar la fiabilidad y el rendimiento de los LLM, una de las técnicas importantes en la ingeniería de *prompts* es descomponer las tareas en subtareas. Una vez que se han identificado esas subtareas, se le presenta una de ellas al LLM y, luego, su respuesta se usa como entrada para otro *prompt*. Esto es lo que se conoce como «encadenamiento de *prompts*», donde una tarea se divide en subtareas, con la idea de crear una cadena de operaciones de *prompt*.

El encadenamiento de *prompts* es útil para llevar a cabo tareas complejas ante las cuales un LLM podría tener dificultades para abordar, si se le presenta un *prompt* muy detallado. En el encadenamiento de *prompts,* los *prompts* en cadena realizan procesos adicionales en las respuestas generadas, antes de llegar a un estado final deseado.

Además de lograr un mejor rendimiento, el encadenamiento de *prompts* ayuda a aumentar la transparencia del LLM, incrementa la controlabilidad y la fiabilidad. Esto significa que puedes depurar problemas con las respuestas del modelo mucho más fácilmente y analizar y mejorar el rendimiento en las diferentes etapas que necesitan mejoras.

El encadenamiento de *prompts* se puede usar en diferentes escenarios, que pueden involucrar varias operaciones o transformaciones; por ejemplo, un caso de uso común de los LLM implica responder a preguntas sobre un documento extenso. Es útil si diseñas dos *prompts* diferentes, donde el primer *prompt* es responsable de extraer citas relevantes para responder a una pregunta, y un segundo *prompt* toma como entrada las citas y el documento original para responder a la pregunta dada. En otras palabras, estarás creando dos *prompts* diferentes para realizar la tarea de responder a una pregunta dada en un documento.

El primer *prompt,* a continuación, extrae las citas relevantes del documento dada la pregunta. Nota que, para simplificar, hemos añadido un marcador de posición para el documento {{documento}}. Para probar el *prompt,* puedes copiar y pegar un artículo de cualquier web; en este caso, se ha hecho sobre una página de ingeniería de *prompts.* Debido al contexto más grande utilizado para esta tarea, estamos usando el modelo GPT-4o de OpenAI. Puedes usar el *prompt* con otros LLM, como Claude.

Prompt - Eres un asistente útil. Tu tarea es ayudar a responder una pregunta dada en un documento. El primer paso es extraer citas relevantes a la pregunta del documento. Por favor, muestra la lista de citas usando <quotes></quotes>. Responde con "¡No se encontraron citas relevantes!" si no se encontraron citas relevantes.

{{documento}}

ChatGPT - <quotes>

- *Chain-of-Thought* (CoT) *prompting*[27]

- Generated knowledge *prompting*[37]

- Directional-stimulus *prompting*[46]

- Textual inversion and embeddings[59]

- Using gradient descent to search for prompts[61][62][63][64]

- Prompt injection[65][66][67]

</quotes>

Las citas que se devolvieron en el primer *prompt* ahora pueden ser usadas como entrada para el segundo *prompt* a continuación. Observa que puedes limpiar un poco más las citas; es decir, eliminar las citas bibliográficas. Esas citas podrían ser eliminadas o utilizadas como parte de otro *prompt* en la cadena, pero puedes ignorar esto por ahora. El segundo *prompt,* luego, toma las citas relevantes extraídas por el *prompt* 1 y prepara una respuesta útil a la pregunta dada en el documento y esas citas extraídas. El segundo *prompt* es el siguiente:

Prompt - Dado un conjunto de citas relevantes (delimitadas por <quotes></quotes>) extraídas de un documento y el documento original, por favor, compón una respuesta a la pregunta. Asegúrate de que la respuesta sea precisa, tenga un tono amigable y suene útil.

{{document}}

<quotes>

- *Chain-of-Thought* (CoT) *prompting*[27]

- Generated knowledge *prompting*[37]

- Directional-stimulus *prompting*[46]

- Textual inversion and embeddings[59]

- Using gradient descent to search for prompts[61][62][63][64]

- Prompt injection[65][66][67]

</quotes>

ChatGPT - Las técnicas de *prompting* mencionadas en el documento incluyen:

Chain-of-Thought (CoT) *prompting*[27]

Generated knowledge *prompting*[37]

Least-to-most *prompting*[38]

Self-consistency decoding[39]

Complexity-based *prompting*[41]

Self-refine[42]

Tree-of-thought *prompting*[43]

Maieutic *prompting*[45]

Directional-stimulus *prompting*[46]

Textual inversion and embeddings[59]

Using gradient descent to search for prompts[61][62][63][64]

Prompt injection[65][66][67]

En cada una de estas técnicas, se emplean estrategias únicas para mejorar o especificar las interacciones con los modelos de lenguaje extenso, para producir los resultados deseados.

Como puedes ver, simplificar y crear cadenas de *prompts* es un enfoque útil, donde las respuestas necesitan someterse a varias operaciones o transformaciones. Como ejercicio, siéntete libre de diseñar un *prompt* que elimine las citas bibliográficas (por ejemplo, [27]) de la respuesta, antes de tomar esto como una respuesta final.

También puedes encontrar más ejemplos de encadenamiento de *prompts* en esta documentación que sustenta el LLM Claude. Este ejemplo está inspirado y adaptado de sus documentos.

6.2.6. Árbol de pensamiento (ToT)

Para tareas complejas que requieren exploración o planificación estratégica, las técnicas de *prompting* tradicionales no son suficientes. Yao *et al.* (2023) y Long (2023) propusieron el árbol de pensamiento (*tree of thoughts,* o ToT), un marco que fomenta la exploración de ideas como pasos intermedios para resolver problemas con modelos de lenguaje.

ToT mantiene un árbol de pensamiento, donde cada pensamiento es un paso intermedio hacia la solución. Este enfoque permite que el modelo autoevalúe el progreso mediante un proceso deliberado. Además, se combina la generación y evaluación de pensamientos con algoritmos de búsqueda, como la búsqueda en anchura y en profundidad, para explorar sistemáticamente las posibles soluciones.

El marco de ToT se ilustra a continuación.

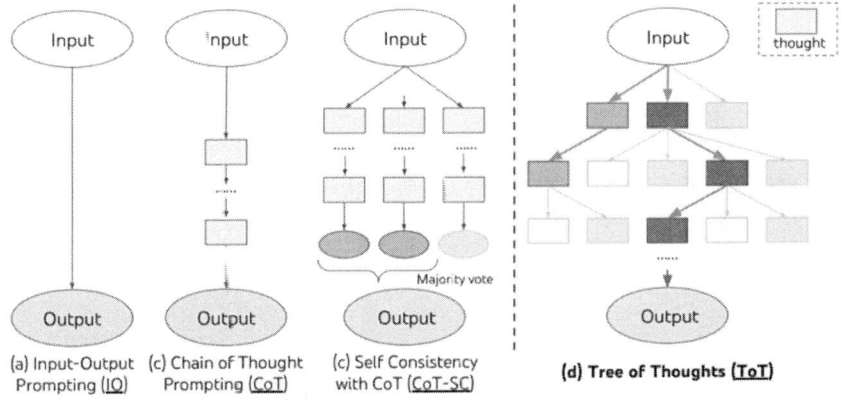

Figura 16. Comparación de métodos de razonamiento: IO, CoT, CoT-SC y ToT. Fuente: Yao et al. (2023).

Al usar ToT, diferentes tareas requieren definir el número de candidatos y el número de pensamientos/pasos; por ejemplo, como se demuestra en el artículo, el juego de *24* se utiliza como una tarea de razonamiento matemático, que requiere descomponer los pensamientos en tres pasos, cada uno involucrando una ecuación intermedia. En cada paso, se mantienen los mejores *b* = 5 candidatos.

Para realizar una búsqueda en anchura (BFS) en ToT para la tarea del juego de *24,* se solicita al modelo de lenguaje que evalúe a cada candidato de pensamiento como «seguro/tal vez/imposible» con respecto a alcanzar 24. Según los autores, «el objetivo es promover soluciones parciales correctas, que puedan ser verificadas dentro de pocos ensayos de anticipación, y eliminar soluciones parciales imposibles basadas en el sentido común de "demasiado grande/pequeño", y mantener el resto como "tal vez"». Los valores se muestrean tres veces para cada pensamiento. El proceso se ilustra a continuación.

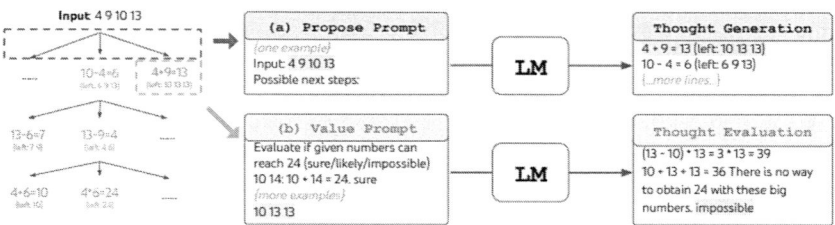

Figura 17. Proceso de razonamiento con tree-of-thoughts *(ToT) en el juego de* 24. *Fuente: Yao et al. (2023).*

De los resultados reportados en la figura a continuación, ToT supera sustancialmente a los otros métodos de *prompting*. El código está disponible aquí[7] y aquí[8].

---

[7] github.com/princeton-nlp/tree-of-thought-llm.
[8] github.com/jieyilong/tree-of-thought-puzzle-solver.

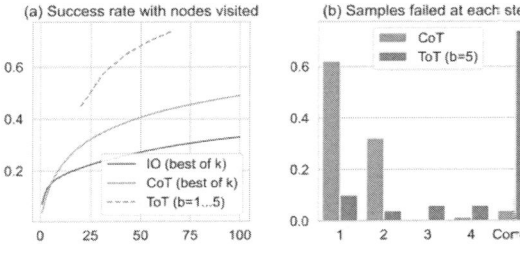

Method	Success
IO prompt	7.3%
CoT prompt	4.0%
CoT-SC (k=100)	9.0%
ToT (ours) (b=1)	45%
ToT (ours) (b=5)	**74%**
IO + Refine (k=10)	27%
IO (best of 100)	33%
CoT (best of 100)	49%

Table 2: Game of 24 Results.   Figure 3: Game of 24 (a) scale analysis & (b) error analysis.

Figura 18. Resultados y análisis de métodos en el juego de 24. Fuente: Yao et al. *(2023).*

A grandes rasgos, las ideas principales de Yao *et al.* (2023)[9] y Long (2023)[10] son similares. Ambos mejoran la capacidad de los LLM para resolver problemas complejos a través de la búsqueda en árbol, mediante una conversación de múltiples rondas. Una de las principales diferencias es que Yao *et al.* (2023) utilizan búsqueda en profundidad (DFS), búsqueda en anchura (BFS) y búsqueda en haz *(beam search),* mientras que la estrategia de búsqueda en árbol (es decir, cuándo retroceder y retroceder cuántos niveles, etc.) propuesta por Long (2023) es dirigida por un «controlador ToT» entrenado mediante aprendizaje por refuerzo (RL). Las búsquedas DFS/BFS/Beam son estrategias genéricas de búsqueda de soluciones sin adaptación a problemas específicos. En comparación, un controlador ToT entrenado mediante RL podría aprender de nuevos conjuntos de datos y, por lo tanto, este sistema puede continuar evolucionando y aprendiendo nuevos conocimientos incluso con un LLM fijo.

Hulbert (2023)[11] ha propuesto el *prompting* de árbol de pensamiento, donde se aplica el concepto principal de los marcos ToT como una técnica de

---

[9] Yao *et al.* (2023) – arxiv.org/abs/2305.10601.
[10] Long (2023) – arxiv.org/abs/2305.08291.
[11] Hulbert (2023) – github.com/dave1010/tree-of-thought-prompting.

prompting simple, haciendo que el LLM evalúe pensamientos intermedios en un solo *prompt*. Un ejemplo de *prompt ToT* es:

Prompt - Imagina que tres expertos diferentes están respondiendo a esta pregunta.

Todos los expertos escribirán un paso de su pensamiento; luego, lo compartirán con el grupo.

Luego, todos los expertos pasarán al siguiente paso, etc.

Si algún experto se da cuenta de que está equivocado en algún momento, se retirará.

La pregunta es…

Sun (2023)[12] comparó el *prompting* de árbol de pensamiento con experimentos a gran escala e introdujo PanelGPT, una idea de *prompting* con discusiones de panel entre LLM.

6.2.7. Ingeniero automático de *prompts* (APE)

Zhou *et al.* (2022)[13] proponen al ingeniero automático de *prompts* (APE) un marco para la generación y selección automática de instrucciones. El problema de la generación de instrucciones se plantea como una síntesis de lenguaje natural, abordada como un problema de optimización de caja negra utilizando LLM para generar y buscar soluciones candidatas.

El primer paso implica un modelo de lenguaje grande (como un modelo de inferencia) al que se le dan demostraciones de salida para generar candidatos de instrucciones para una tarea. Estas soluciones candidatas guiarán en el

---

[12] Sun (2023) – github.com/holarissun/PanelGPT.
[13] Zhou *et al.* (2022) – arxiv.org/abs/2211.01910.

procedimiento de búsqueda. Las instrucciones se ejecutan utilizando un modelo objetivo y, luego, se selecciona la instrucción más apropiada, basándose en puntuaciones de evaluación calculadas.

APE descubre un mejor *prompt* de razonamiento en cadena *(zero-shot CoT)* que el *prompt* diseñado por humanos «Pensemos paso a paso» (Kojima *et al.*, 2022[14]). El *prompt* «Vamos a resolver esto de manera paso a paso para asegurarnos de tener la respuesta correcta» provoca que el modelo razone en cadena y logra mejorar el rendimiento en los *benchmarks* MultiArith y GSM8K.

No.	Category	Zero-shot CoT Trigger Prompt	Accuracy
1	APE	Let's work this out in a step by step way to be sure we have the right answer.	**82.0**
2	Human-Designed	Let's think step by step. (*1)	78.7
3		First, (*2)	77.3
4		Let's think about this logically.	74.5
5		Let's solve this problem by splitting it into steps. (*3)	72.2
6		Let's be realistic and think step by step.	70.8
7		Let's think like a detective step by step.	70.3
8		Let's think	57.5
9		Before we dive into the answer.	55.7
10		The answer is after the proof.	45.7
-		(Zero-shot)	17.7

Figura 19. Comparativa de prompts *de razonamiento en* zero-shot CoT. *Fuente: Zhou* et al. *(2022).*

Este artículo toca un tema importante relacionado con la ingeniería de *prompts,* que es la idea de optimizar automáticamente los *prompts.* Aunque no profundizamos en este tema en este libro, a continuación, hay algunos artículos clave, si estás interesado en ampliar información sobre el tema.

---

[14] Kojima *et al.* (2022) – arxiv.org/abs/2205.11916.

- **Prompt-OIRL**[15]: se propone usar aprendizaje por refuerzo inverso *offline,* para generar *prompts* dependientes de consultas.
- **OPRO**[16]: se introduce la idea de usar LLM para optimizar *prompts:* dejar que los LLM «tomen un respiro profundo» mejora el rendimiento en problemas matemáticos.
- **AutoPrompt**[17]: se propone un enfoque para crear automáticamente *prompts* para un conjunto diverso de tareas, basado en búsqueda guiada por gradientes.
- **Prefix tuning**[18]: una alternativa ligera a la *fine-tuning,* en la que se antepone un prefijo continuo entrenable para tareas de NLG.
- **Prompt tuning**[19]: se propone un mecanismo para aprender *prompts* suaves, a través de retropropagación.

6.2.8. *ReAct prompting*

Yao *et al.* (2022)[20] introdujeron un marco llamado ReAct, donde se utilizan LLM para generar tanto trazas de razonamiento como acciones específicas de la tarea de manera intercalada.

Generar trazas de razonamiento permite al modelo inducir, rastrear y actualizar planes de acción, e incluso manejar excepciones. El paso de acción permite interactuar y recopilar información de fuentes externas, como bases de conocimiento o entornos. El marco ReAct puede permitir a los LLM

---

[15] Prompt-OIRL – arxiv.org/abs/2309.06553.
[16] OPRO – arxiv.org/abs/2309.03409.
[17] AutoPrompt – arxiv.org/abs/2010.15980.
[18] Prefix tuning – arxiv.org/abs/2101.00190.
[19] Prompt tuning – arxiv.org/abs/2104.08691.
[20] Yao *et al.* (2022) – arxiv.org/abs/2210.03629.

interactuar con herramientas externas, para recuperar información adicional que lleve a respuestas más confiables y factuales.

Los resultados muestran que ReAct puede superar varios modelos de vanguardia en tareas de lenguaje y toma de decisiones. ReAct también mejora la interpretabilidad humana y la confiabilidad de los LLM. En general, los autores encontraron que el mejor enfoque utiliza ReAct, combinado con *chain-of-thought* (CoT), lo que permite el uso tanto del conocimiento interno como de la información externa obtenida durante el razonamiento.

¿Y cómo funciona exactamente? ReAct se inspira en las sinergias entre «actuar» y «razonar», que permiten a los humanos aprender nuevas tareas y tomar decisiones o razonamientos. El *prompting* de *chain-of-thought* (CoT) ha demostrado las capacidades de los LLM para llevar a cabo tareas de razonamiento y generar respuestas a preguntas que involucran razonamiento aritmético y de sentido común, entre otras tareas (Wei *et al.,* 2022[21]). Pero su falta de acceso al mundo externo o la incapacidad de actualizar su conocimiento pueden llevar a problemas como alucinaciones de hechos y propagación de errores.

ReAct es un paradigma general, donde se combinan el razonamiento y la acción con LLM. ReAct incita a los LLM a generar trazas de razonamiento verbal y acciones para una tarea. Esto permite al sistema realizar un razonamiento dinámico para crear, mantener y ajustar planes de acción, al mismo tiempo que permite la interacción con entornos externos (por ejemplo, Wikipedia) para incorporar información adicional en el razonamiento. En la figura 20, a continuación, se muestra un ejemplo de ReAct y los diferentes pasos involucrados para realizar la respuesta a una pregunta.

---

[21] Wei *et al.* (2022) – arxiv.org/abs/2201.11903.

En el ejemplo siguiente, pasamos un *prompt* como la siguiente pregunta:

Prompt - Aparte del Apple Remote, ¿qué otros dispositivos pueden controlar el programa con el que el Apple Remote fue diseñado originalmente para interactuar?

```
(1d) ReAct (Reason + Act)

Thought 1: I need to search Apple Remote and find the
program it was originally designed to interact with.
Act 1: Search[Apple Remote]
Obs 1: The Apple Remote is a remote control introduced in
October 2005 by Apple … originally designed to control the
Front Row media center program …

Thought 2: Apple Remote was originally designed to control
the Front Row media center program. I need to search  Front
Row next and find what other device can control it.
Act 2: Search[Front Row]
Obs 2: Could not find [Front Row]. Similar: ['Front Row
Seat to Earth', 'Front Row Motorsports',' Front Row
(software) ', …]

Thought 3: Front Row is not found. I need to search  Front
Row (software) .
Act 3: Search[Front Row (software)]
Obs 3: Front Row is a discontinued media center software …

Thought 4: Front Row (software) is controlled by an Apple
Remote or the keyboard function keys. So the answer is
keyboard function keys.
Act 4: Finish[keyboard function keys]                      ✓
```

*Figura 20. Proceso de razonamiento y acción para identificar el uso del Apple Remote.
Fuente: Yao et al. (2022).*

Cabe señalar que también se añaden ejemplos contextuales al *prompt,* pero los excluimos aquí por simplicidad. Podemos ver que el modelo genera trayectorias de resolución de tareas (pensamiento o acción). OBS corresponde a la observación del entorno con el que se está interactuando (por ejemplo, el motor de búsqueda). En esencia, ReAct puede recuperar información para apoyar el razonamiento, mientras que el razonamiento ayuda a identificar qué recuperar a continuación.

Para demostrar cómo funciona el *prompting* de ReAct, sigamos un ejemplo del artículo. El primer paso es seleccionar casos de un conjunto de entrenamiento (por ejemplo, HotpotQA) y componer trayectorias en formato ReAct. Estos se utilizan como ejemplos *few-shot* en los *prompts*. Las trayectorias consisten en múltiples pasos de pensamiento-acción-observación, como se muestra en la figura anterior. Los pensamientos en formato libre se utilizan para realizar diferentes tareas, como descomponer preguntas, extraer información, realizar razonamientos de sentido común o aritméticos, guiar en la formulación de búsquedas y sintetizar la respuesta final. Aquí hay un ejemplo de cómo se ven los ejemplos de *prompt* de ReAct (obtenido del artículo y acortado a un solo ejemplo por simplicidad):

Prompt - Pregunta: ¿Cuál es el rango de elevación del área, a la que se extiende el sector oriental de la orogenia de Colorado?

Pensamiento 1: Necesito buscar la orogenia de Colorado, encontrar el área a la que se extiende el sector oriental de la orogenia de Colorado y, luego, encontrar el rango de elevación del área.

Acción 1: Buscar [orogenia de Colorado]

Observación 1: La orogenia de Colorado fue un episodio de formación de montañas (una orogenia) en Colorado y áreas circundantes.

Pensamiento 2: No menciona el sector oriental, así que necesito buscar el sector oriental.

Acción 2: Buscar [sector oriental]

Observación 2: (Resultado 1 / 1) El sector oriental se extiende hacia las High Plains y se llama la orogenia de las Central Plains.

Pensamiento 3: El sector oriental de la orogenia de Colorado se extiende hacia las High Plains, así que necesito buscar High Plains y encontrar su rango de elevación…

Acción 3: Buscar [High Plains]

Cabe señalar que se utilizan diferentes configuraciones de *prompts* para diferentes tipos de tareas. Para tareas donde el razonamiento es de importancia primaria (por ejemplo, HotpotQA), se utilizan múltiples pasos de pensamiento-acción-observación para la trayectoria de resolución de tareas. Para tareas de toma de decisiones que implican muchos pasos de acción, los pensamientos se usan de manera más esporádica.

En el artículo, se evalúa primero ReAct en tareas de razonamiento intensivas en conocimiento, como la respuesta a preguntas (HotpotQA) y la verificación de hechos (Fever). PaLM 540B se utiliza como el modelo base para el *prompting*.

Prompt Method[a]	**HotpotQA** (EM)	**Fever** (Acc)
Standard	28.7	57.1
CoT (Wei et al., 2022)	29.4	56.3
CoT-SC (Wang et al., 2022a)	33.4	60.4
Act	25.7	58.9
ReAct	27.4	60.9
CoT-SC → ReAct	34.2	**64.6**
ReAct→ CoT-SC	**35.1**	62.0
Supervised SoTA[b]	67.5	89.5

Figura 21. Comparativa de métodos de prompts *en tareas de QA y verificación de hecho. Fuente: Yao et al. (2022).*

Los resultados del *prompting* en HotpotQA y Fever utilizando diferentes métodos de *prompting* muestran que ReAct, generalmente, tiene un mejor desempeño que Act (que implica solo actuar) en ambas tareas.

También podemos observar que ReAct supera a CoT en Fever y se queda atrás de CoT en HotpotQA. Se proporciona un análisis detallado de errores en el artículo. En resumen:

- Co^- sufre de alucinación de hechos.
- La restricción estructural de ReAct reduce su flexibilidad en la formulación de pasos de razonamiento.
- ReAct depende mucho de la información que recupera; los resultados de búsqueda no informativos descarrilan el razonamiento del modelo y dificultan la recuperación y reformulación de pensamientos.
- Los métodos de *prompting* en los que se combinan y apoyan el cambio entre ReAct y CoT + Self-Consistency, generalmente, superan a todos los demás métodos de *prompting*.

En el artículo, también se presentan resultados que demuestran el rendimiento de ReAct en tareas de toma de decisiones. ReAct se evalúa en dos *benchmarks,* llamados ALFWorld (juego basado en texto) y WebShop (entorno de sitio web de compras en línea). Ambos implican entornos complejos, que requieren razonamiento para actuar y explorar eficazmente.

Cabe señalar que los *prompts* de ReAct están diseñados de manera diferente para estas tareas, manteniendo la misma idea central de combinar razonamiento y acción. A continuación, se muestra un ejemplo [figura 22] de un problema de ALFWorld, que involucra *prompting* de ReAct.

ReAct supera a Act tanto en ALFWorld como en WebShop. Act, sin ningún pensamiento, no logra descomponer correctamente los objetivos en subobjetivos. El razonamiento parece ser ventajoso en ReAct para este tipo de tareas, pero los métodos actuales basados en *prompting* aún están lejos del rendimiento de los expertos humanos en estas tareas. Consulta el artículo para obtener resultados más detallados.

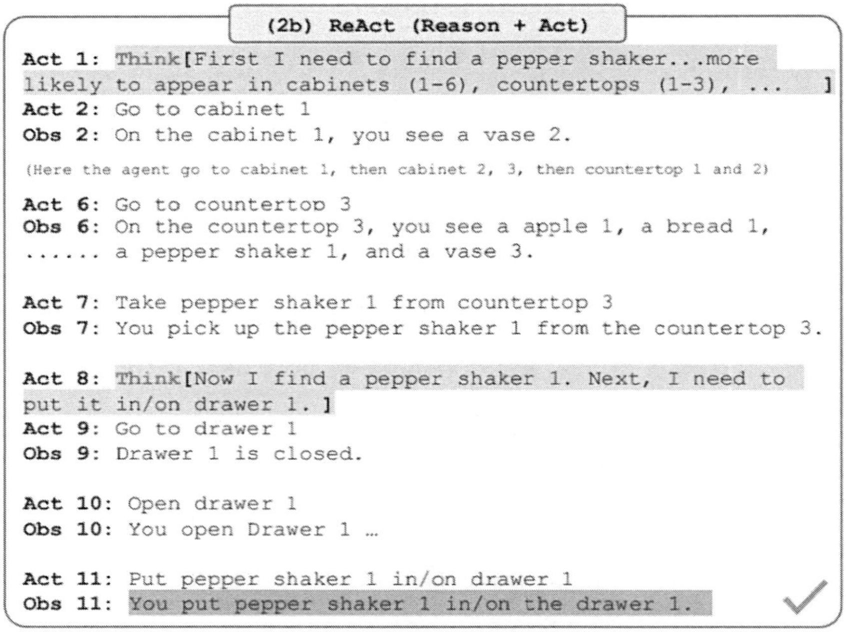

```
                    (2b) ReAct (Reason + Act)
Act 1: Think[First I need to find a pepper shaker...more
likely to appear in cabinets (1-6), countertops (1-3), ...  ]
Act 2: Go to cabinet 1
Obs 2: On the cabinet 1, you see a vase 2.
(Here the agent go to cabinet 1, then cabinet 2, 3, then countertop 1 and 2)
Act 6: Go to countertop 3
Obs 6: On the countertop 3, you see a apple 1, a bread 1,
...... a pepper shaker 1, and a vase 3.

Act 7: Take pepper shaker 1 from countertop 3
Obs 7: You pick up the pepper shaker 1 from the countertop 3.

Act 8: Think[Now I find a pepper shaker 1. Next, I need to
put it in/on drawer 1. ]
Act 9: Go to drawer 1
Obs 9: Drawer 1 is closed.

Act 10: Open drawer 1
Obs 10: You open Drawer 1 …

Act 11: Put pepper shaker 1 in/on drawer 1
Obs 11: You put pepper shaker 1 in/on the drawer 1.          ✓
```

Figura 22. Ejemplo de razonamiento y acción de un agente basado en ReAct. Fuente: Yao et al. (2022).

CAPÍTULO 7
Conclusiones y recursos adicionales

7.1. Otras herramientas de IA

En este apartado, exploraremos otras herramientas de IA. Aunque ChatGPT es una de las IA más avanzadas y versátiles disponibles, existen muchas otras opciones que destacan en áreas concretas. A continuación, veremos estas herramientas organizadas por categorías, para que puedas encontrar la que mejor se ajuste a lo que deseas lograr.

Este libro se actualiza con frecuencia, para reflejar las últimas novedades en IA y herramientas relacionadas. Sin embargo, puede que haya pasado un tiempo desde la última actualización. Si no quieres perderte ninguna novedad, ni sobre IA ni sobre nuevas herramientas, escanea el QR que se muestra a continuación. De esta forma, recibirás semanalmente noticias relevantes, recomendaciones de herramientas actualizadas y, además, obtendrás gratuitamente las actualizaciones que surjan de este libro en el futuro.

Figura 23. Únete a nuestra comunidad.

7.1.1. Escritura

Las herramientas de IA para escritura están diseñadas para potenciar la creatividad y la productividad, al generar textos relevantes y contextuales con gran precisión. Ya sea que necesites redactar un documento profesional, un anuncio publicitario o incluso una publicación en redes sociales, estas herramientas te permiten ahorrar tiempo y mejorar la calidad de tus textos:

- **Claude:** AI que genera texto coherente y relevante al contexto con precisión mejorada, especialmente en documentos largos. **EasyGen:** una extensión de Google Chrome para escribir tu primera publicación en LinkedIn en segundos.

7.1.2. Audio

Las herramientas de IA en el ámbito del audio permiten explorar la creatividad sonora como nunca. Desde la creación de música original hasta locuciones realistas o canciones temáticas, estas tecnologías convierten texto en sonido, ofreciendo opciones para proyectos de entretenimiento, narración y más:

- **Udio:** crea tu música.
- **Suno:** haz una canción sobre cualquier tema.
- **Play.ht:** plataforma de texto a voz basada en IA, para crear locuciones realistas, que ofrece una amplia gama de voces generadas por IA y características fáciles de usar.
- **HeyGen:** plataforma de generación de vídeos con IA que permite crear avatares parlantes, vídeos a partir de texto y cambio de rostros. Ofrece más de 100 avatares y 300 voces en 40 idiomas.

- **Fliki:** plataforma de texto a voz y de texto a vídeo basada en IA, con más de 850 voces en 77 idiomas, diseñada para crear contenido de audio y vídeo de forma rápida.
- **ElevenLabs:** se desarrolla *software* de síntesis de voz impulsado por IA, centrándose en una conversión de texto a voz realista, clonación de voces y doblaje con entonación y emoción humanas naturales.

7.1.3. Imagen

Las herramientas de IA para generación de imágenes transforman las ideas en arte visual. Basándose en descripciones textuales o conceptos, estas tecnologías producen imágenes impresionantes, ya sea para proyectos creativos, diseño gráfico o, simplemente, como una expresión artística:

- **Stable Diffusion:** una herramienta de IA de código abierto para la generación de imágenes.
- **DALL·E:** programa de IA conocido por generar imágenes creativas y detalladas a partir de descripciones textuales. Se puede usar en ChatGPT Plus.
- **Midjourney:** el generador de imágenes más potente del mercado.

7.1.4. Vídeo

La IA en la creación de vídeo ha simplificado y democratizado la producción audiovisual. Desde convertir texto en vídeos dinámicos hasta facilitar la edición automatizada, estas herramientas permiten a cualquier usuario crear contenido de calidad profesional, sin necesidad de experiencia previa:

- **Runway:** ofrece un conjunto completo de herramientas de IA para proyectos creativos, combinando capacidades de generación de imágenes, vídeos y texto para diversas aplicaciones multimedia.
- **Pika:** se especializa en generar imágenes o vídeos fotorrealistas a partir de texto, con un enfoque en crear contenido visual altamente detallado y preciso.
- **Invideo:** una plataforma de creación de vídeos donde se integra IA, para simplificar la edición y producción de vídeos, atendiendo tanto a

usos profesionales como personales, con una amplia gama de plantillas y herramientas.

- **Captions:** la próxima generación de narración de historias, al alcance de tus dedos. Descubre el poder de la IA y crea vídeos de calidad de estudio con solo unos toques.

- **Sora:** herramienta de texto a vídeo de OpenAI que se lanzará próximamente.

- **OpusClip:** una herramienta con la que se aprovecha la IA para optimizar la edición de vídeos, enfocándose en automatizar tareas como cortar, unir y mejorar vídeos, haciendo que sea accesible para usuarios sin experiencia extensa en edición.

7.1.5. Avatar

Las herramientas de IA para avatares permiten dar un rostro humano, ya sea realista o ficticio, a los proyectos multimedia. Desde presentadores virtuales hasta avatares personalizados que imitan características propias, estas tecnologías abren nuevas posibilidades para narrativas visuales y experiencias interactivas:

- **Synthesia:** crea vídeos de calidad de estudio con avatares y narraciones en más de 130 idiomas. Es tan fácil como hacer una presentación de diapositivas.

- **HeyGen:** plataforma de generación de vídeos con IA que ofrece avatares parlantes, texto a vídeo y cambio de rostro, con más de 100 avatares y 300 voces en 40 idiomas.

- **D-ID:** se especializa en animación facial impulsada por IA y tecnología de *deepfake,* lo que permite la creación de avatares digitales realistas y animaciones a partir de imágenes fijas.

7.1.6. Ventas

La IA para ventas está transformando la manera en que las empresas interactúan con sus clientes. Estas herramientas sirven para analizar datos y comportamientos, con objeto de ofrecer resúmenes precisos de reuniones, optimizar procesos y comprender mejor la dinámica entre compradores y vendedores, lo que mejora la eficacia de los equipos de ventas.

- **Sybill:** herramienta de IA para equipos de ventas, con la que se automatizan las actualizaciones de *customer relationship management* (CRM) y se ofrece información de llamadas de ventas, al analizar señales no verbales y generar resúmenes detallados de llamadas.
- **Substrata:** plataforma de inteligencia de señales sociales para negociadores y profesionales de ventas: está entrenada para entender la «danza social» entre vendedores y compradores.

7.1.7. *Marketing*

Las herramientas de IA para *marketing* ofrecen soluciones innovadoras para la creación de contenido y la personalización de experiencias. Desde generar campañas creativas hasta predecir el comportamiento del cliente, estas tecnologías están diseñadas para maximizar la conversión y el impacto de las estrategias digitales:

- **CreativAI:** una plataforma impulsada por IA para generar contenido creativo y único rápidamente, utilizando aprendizaje automático para comprender el contexto del contenido, la voz de la marca y el público objetivo, automatizando y personalizando el proceso de generación de contenido.
- **Aidaptive:** una herramienta de IA para comercio electrónico y hospitalidad, que ofrece experiencias de compra personalizadas y aumenta las conversiones mediante la personalización predictiva y el aprendizaje automático.

7.1.8. Académicas

En el ámbito académico, la IA ofrece herramientas que facilitan el acceso al conocimiento y la presentación de ideas. Desde motores de búsqueda especializados en investigación hasta plataformas para crear presertaciones impactantes, estas tecnologías son aliadas indispensables para estudiantes, investigadores y docentes:

- **Consensus:** un motor de búsqueda impulsado por IA que proporciona conocimientos resumidos de artículos de investigación científica.
- **Perplexity:** es una alternativa a los motores de búsqueda tradicionales, donde puedes plantear tus preguntas directamente y recibir respuestas concisas y precisas, respaldadas por un conjunto de fuentes seleccionadas.
- **Beautiful.ai:** una herramienta de IA para crear presentaciones atractivas y personalizables, con plantillas diseñadas profesionalmente y elementos visuales que se adaptan automáticamente al contenido, haciendo que el proceso de diseño sea rápido y fácil.
- **Tome:** plataforma de narración impulsada por IA que permite crear presentaciones visuales y documentos interactivos en minutos, combinando texto, imágenes y vídeos en diseños cautivadores y modernos.

7.2. Repositorios de *prompts*

Los repositorios de *prompts* son colecciones organizadas de instrucciones que facilitan la interacción con los LLM, lo que permite aprovechar al máximo sus capacidades. Estos *prompts* están diseñados para ayudar en tareas específicas, desde la escritura hasta el análisis de datos, y funcionan como plantillas que guían al modelo a responder de manera óptima. A continuación, te presento dos repositorios recomendados: uno personal, con *prompts* de alta calidad, y otro más amplio disponible en internet, con opciones para prácticamente cualquier tipo de necesidad.

7.2.1. Colección personal de *prompts*

A lo largo de estos meses, he ido coleccionando algunos *prompts* que he descubierto y han resultado ser muy buenos. Debido a la extensión de estos, he decidido crear un reporte con todos ellos clasificados y ordenados en cuatro categorías principales:

- *Marketing*
- Escritura
- Negocios
- Ventas

Todos los *prompts* que encontrarás son avanzados, de alta calidad y extremadamente útiles. Algunos de ellos son de pago, los cuales te regalo como muestra de agradecimiento por haber comprado el libro.

Figura 24. QR colección de prompts *personal.*

7.2.2. +2500 *prompts* para ChatGPT

Personalmente, soy de la filosofía que más vale calidad que cantidad; por ello, mi humilde recomendación es usar los *prompts* ofrecidos en el apartado anterior. Sin embargo, para aquellos que estén buscando un mayor número de *prompts,* ya sea por inspiración para crear los suyos propios o para usar directamente, aquí dejo una plantilla con más de 2500 *prompts* para ChatGPT, organizados por categorías. Esta impresionante colección es obra de Ignacio Velásquez, creador de la popular aplicación de productividad Notion.

Aquí encontrarás una variedad impresionante de categorías, desde agricultura hasta redacción de blogs, pasando por negocios, celebridades, interpretación de código y mucho más. Cada categoría contiene una serie de *prompts,* algunos con más de 100 opciones diferentes. ¿Necesitas inspiración para escribir sobre finanzas o alimentos? ¿Quieres explorar el mundo de la ficción o te interesa más el *marketing* por correo electrónico? Este lugar lo tiene todo.

Y no solo eso, sino que la página está diseñada para ser fácil de usar. Puedes buscar por categorías, filtrar los resultados y ordenarlos según tus necesidades. Además, cada categoría tiene un enlace directo, para que puedas acceder a los *prompts* de manera rápida y sencilla.

Por ejemplo, si estás interesado en la creación de contenido, puedes acceder a la sección de «Content Creation Frameworks», que contiene 21 *prompts* listos para usar. O, si te dedicas a la publicidad en Facebook, la sección «Facebook Ad Copy», que tiene 15 *prompts* que te ayudarán a redactar anuncios efectivos. Así es como se ve:

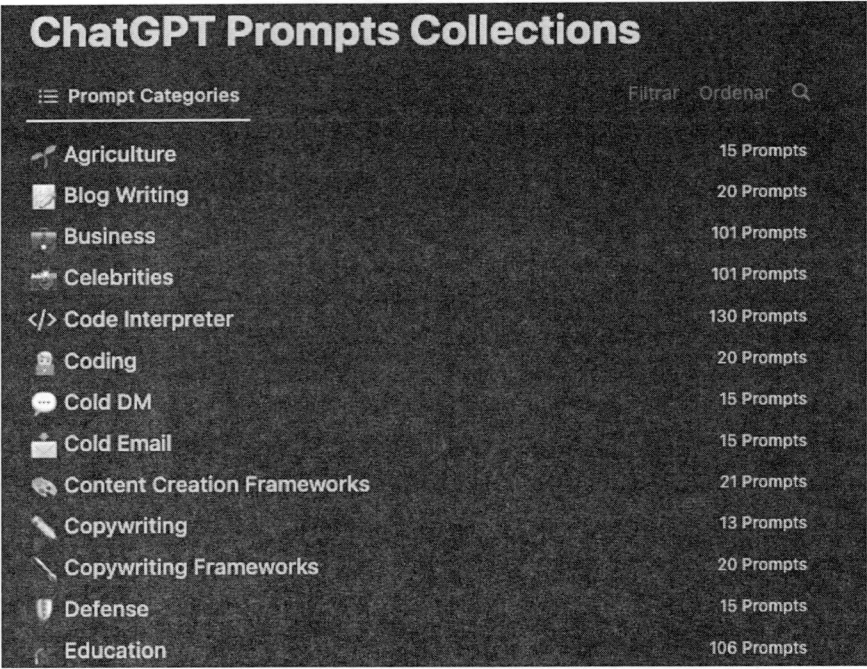

Si quieres acceder a él, aquí te dejo el enlace oficial. o también puedes escanear el siguiente código QR.

Figura 25. QR +2500 prompts *en Notion.*

7.3. Conclusiones y futuro de la IA

Vivimos en una era fascinante, donde la IA se está integrando cada vez más en nuestras vidas, transformando profundamente nuestra forma de trabajar y relacionarnos con el mundo. Las grandes empresas tecnológicas invierten masivamente en esta tecnología, que ya está dejando su huella en innumerables profesiones y en la sociedad en general. Ante este panorama, surge una pregunta crucial: «¿Cómo afectará la IA a nuestro día a día y cómo podemos prepararnos para ello?».

La IA ha demostrado ser una herramienta poderosa en muchos campos. Como se ha explorado en este libro, en la programación, permite a los desarrolladores escribir código más rápido y con mayor eficiencia. En el periodismo, acelera la recolección y análisis de información; en el ámbito legal, proporciona soporte para gestionar casos complejos y, en medicina, ayuda a los médicos a diagnosticar enfermedades con mayor precisión y a planificar tratamientos más efectivos. Sin embargo, hasta ahora, la IA no puede sustituir completamente el juicio crítico ni el toque humano que tantas profesiones requieren. Por ello, los profesionales deben seguir adaptándose, combinando el uso de la tecnología con su experiencia, para garantizar resultados éticos y óptimos.

Estos avances son fruto de décadas de investigación, y el ritmo de desarrollo no deja de acelerarse. Si consideramos que gran parte del conocimiento humano está registrado en formato escrito o visual, desde las primeras pinturas rupestres hasta los estudios más recientes, la IA tiene un potencial enorme para comprender y transformar nuestra forma de interactuar con este conocimiento. Es posible que, en el futuro, la IA no solo entienda el lenguaje humano con precisión, sino que llegue a razonar a niveles sobrehumanos. Aunque estas posibilidades son emocionantes, también generan inquietudes: «¿Qué pasará si la tecnología evoluciona más allá de nuestra comprensión?», «¿qué impacto tendrá en nuestras vidas cotidianas y en la economía global?».

Como ocurrió durante la Revolución Industrial, la adopción de nuevas tecnologías puede provocar desplazamientos laborales. La IA no solo amenaza trabajos menos cualificados, sino también empleos que requieren alta especialización. Sin embargo, al igual que en aquel periodo, esta disrupción también abre la puerta a nuevas oportunidades laborales. Pero, para aprovecharlas, es imprescindible adaptarse. Quienes no lo hagan corren el riesgo de quedarse atrás. La clave está en reinventarse y desarrollar nuevas habilidades, que nos permitan no solo sobrevivir, sino prosperar en este entorno cambiante.

La adopción masiva de la IA plantea también desafíos éticos y sociales. Desde su uso en procesos de selección laboral hasta la administración de justicia, los algoritmos pueden perpetuar sesgos y discriminaciones si no se implementan con cuidado. Además, el impacto económico podría intensificar la concentración de riqueza, ya que las empresas que dominen estas tecnologías aumentarán su ventaja competitiva, mientras que otras se verán rezagadas.

En este contexto, es esencial que las personas no solo entiendan el impacto de la IA, sino que tomen medidas concretas para adaptarse. Ya no se trata solo de mantenerse informados, sino de abrazar el cambio, adquirir nuevas habilidades y replantearse su papel en un mundo cada vez más automatizado. Esta capacidad de adaptación será el factor decisivo para determinar quién prospera y quién se queda atrás en la nueva era de la IA.

Espero que este libro sirva como precursor y fuente de inspiración para que te adentres en este apasionante mundo. Mi deseo es que no te detengas aquí, sino que este sea solo el principio de muchas investigaciones, aprendizajes y descubrimientos futuros, que amplíen tus horizontes y te permitan crecer junto con esta revolución tecnológica.

En conclusión, el avance de la IA nos ofrece un futuro lleno de promesas, pero también de incertidumbres. Afrontar estos retos requiere un esfuerzo conjunto, no solo para garantizar que la IA se utilice de manera ética y responsable, s no también para que las personas puedan beneficiarse de sus ventajas, sin ser desplazadas por el progreso. Solo adaptándonos, aprendiendo y reinventándonos, podremos aprovechar plenamente el potencial de la IA y construir un futuro más equitativo, brillante y próspero para todos.

Marcombo

Marcombo es una editorial especializada en libros técnicos y científicos que cuenta con más de 75 años de experiencia.

Los títulos de Marcombo están escritos por grandes especialistas y tratan materias sobre tecnología, empresa, instalaciones y otros temas relacionados con las ciencias e ingenierías. Asimismo, Marcombo publica libros sobre formación profesional, certificados de profesionalidad y universitarios; materias de siempre y actuales que avalan una rigurosa y dilatada trayectoria editorial.

Marcombo está a su disposición para ofrecerle las mejores obras técnicas, científicas y de formación de ayer, hoy y siempre. Los autores, nacionales e internacionales, comparten su amplia experiencia mostrando tutoriales de contenidos paso a paso, expertos consejos e ideas motivadoras que reforzarán sus conocimientos. Estos libros son una valiosa herramienta con la que potenciará notablemente sus habilidades y conocimientos técnicos.

Queremos agradecer su confianza en los libros de Marcombo. Por eso, queremos compartir con usted diversos regalos digitales de algunos de los temas de referencia. Puede acceder a ellos dentro del apartado **Contenido gratuito** en www.marcombo.com